NO PASARÁN

Por qué la extrema derecha quiere
controlar la educación pública
y qué hacer para defenderla

Enrique Javier Díez Gutiérrez
Mauro Rafael Jarquín Ramírez

NO PASARÁN

Por qué la extrema derecha quiere controlar la educación pública y qué hacer para defenderla

Prólogo de Miguel Urbán

PLAZA Y VALDÉS

EDITORES

Primera edición: 2025

© Enrique Javier Díez Gutiérrez, 2025
© Mauro Rafael Jarquín Ramírez, 2025
© del prólogo, Miguel Urbán, 2025
© Plaza y Valdés Editores, 2025

Plaza y Valdés, S. L.
Paseo del Rey, 4
28008 Madrid (España)
Tel.: (34) 918126315
madrid@plazayvaldes.es
www.plazayvaldes.es

Materia Thema: JNA

ISBN: 979-13-87880-04-0
D.L.: GR 1247-2025

Diseño de portada: María Rosa Encinas

Impresión: Copias Centro
Impreso en España - *Printed in Spain*

Papel 100 % procedente de bosques gestionados de acuerdo con criterios de sostenibilidad.

*Conocer a quien combatimos mejor
de lo que él se conoce a sí mismo.
Este es el método.*

MARIO TRONTI

Índice

Prólogo

Miguel Urbán

El libro que tienen entre las manos no se podría haber publicado en un momento más oportuno, tras la segunda toma de posesión de Donald Trump y el prolongado asedio total de la Casa Blanca contra las universidades norteamericanas y la educación en general. Una muestra más de cómo la victoria de Trump en las pasadas elecciones presidenciales estadounidenses ofrece indicios para contemplar con mayor claridad el nuevo ciclo histórico en el que hemos entrado, impulsados por esta carrera hacia el abismo en que se ha convertido la crisis sistémica del capitalismo. Porque no podemos comprender la emergencia, internacionalización y pujanza de esta ola de autoritarismo reaccionario global sin analizar las más de cuatro décadas de expansión del modelo de gobernanza neoliberal y su impacto en la conformación de una cultura política profundamente antidemocrática.

El empeño incesante del neoliberalismo por ampliar el papel mercantilizador del Estado y el asalto institucional de los actores de la economía privada —que han puesto los poderes públicos a su servicio, reemplazando cualquier regulación y hasta los mínimos mecanismos de redistribución por la libertad de mercado y la protección de los derechos de propiedad— han supuesto un auténtico ataque a la vida política y al concepto de igualdad, generando una antipolítica que está en la base del auge del autoritarismo antidemocrático.

De esta forma, lejos de ser una anomalía, el auge de las fuerzas autoritarias de extrema derecha debe entenderse precisamente como una consecuencia lógica del momento de crisis sistémica en el que nos encontramos. Por eso es fundamental no ver a Trump únicamente como el Frankenstein del Partido Republicano, sino como la manifestación de un fenómeno que trasciende las fronteras estadounidenses: el autoritarismo reaccionario.

Un autoritarismo reaccionario que impregna el mapa político mucho más allá de los marcos propios de la extrema derecha. Porque, como argumenta el sociólogo Cas Mudde, la nueva extrema derecha constituye, en cierta medida, una radicalización de los puntos de vista dominantes, pero en ningún caso una oposición a ellos. Un autoritarismo reaccionario que, cómo no, también ha llegado a nuestras aulas. Justo sobre este tema versa el libro que tengo el placer de prologar y que ustedes han comenzado a leer.

A medida que ha ido emergiendo con fuerza esta nueva ola reaccionaria global, la literatura al respecto ha crecido exponencialmente, analizando las causas, las características y, sobre todo, el porqué de esta nueva ultraderecha que se expande como una mancha de aceite. Pero quizás una de las lagunas interpretativas importantes sobre el fenómeno del autoritarismo reaccionario era, justamente, un análisis riguroso de cómo esta hidra inserta sus múltiples cabezas en la educación.

El libro intenta suplir esta carencia analítica, mostrando cómo el asalto a la educación es un elemento estratégico de la ola reaccionaria global. Desde el fundamentalismo hinduista de Modi en la India, pasando por el paleolibertarismo de Milei en Argentina, hasta el autoritarismo reaccionario de Trump en los Estados Unidos, su obsesión es la misma: conquistar, controlar y disciplinar la educación para ponerla a su servicio.

Un análisis que no parte de cero, sino que recupera la experiencia de muchas comunidades educativas de distintos países: profesorado, movimientos de renovación pedagógica, «mareas verdes» por la educación pública y laica, experiencias prácticas que se están desarrollando en muchos centros y que provienen, a su vez, de grandes pedagogas y pedagogos que, a lo largo de la historia, han propuesto auténticas revoluciones educativas. Al igual que la propia experiencia de los autores del libro como docentes, trabajando con colectivos en México y América Latina, y con colectivos en España y Europa. Aportan una mirada que conjuga realidades de diversos continentes, mostrando cómo esta ola reaccionaria y su ataque a la educación no es un caso particular de un país o una región, sino un fenómeno internacional.

Un libro que pretende ser una herramienta en la batalla ideológica y cultural contra la extrema derecha, y que apuesta por la construcción de un nuevo *habitus* académico. Compagina la rigurosidad y la pertinencia conceptual con una necesaria apuesta antifascista que vaya más allá de la lógica *mainstream* del cuasiinstitucionalizado ejercicio de autocensura que se está imponiendo en las

ciencias sociales. Una situación que, como explican los
autores, no afecta a todos por igual. No deja de ser curioso que la exigencia de matizar al producir conocimiento,
entender el mundo, nombrar las cosas e intervenir siempre recaiga fundamentalmente en quienes experimentan
o sufren la opresión o en quienes, epistemológicamente,
se adscriben a una posición política desde la subalternidad. Una tibieza que, junto con la antipolítica neoliberal,
ha permitido que en los propios campus universitarios y
en los centros educativos la extrema derecha crezca no
solo entre el estudiantado, sino incluso en parte del profesorado y de los equipos directivos.

Los autores nos plantean dos grandes bloques en los
que dividen el libro. En primer lugar, un análisis de la
importancia estratégica que tiene la educación para las
diferentes familias de la extrema derecha: desde la serpiente libertariana con sus tentáculos internacionales —como
la red de fundaciones y *think tanks* de Atlas Network—,
hasta el conservadurismo reaccionario de fundamentalis-
mos diversos como los pentecostales y neopentecostales,
que han dinamizado plataformas como Escola sem Partido
o Con Mis Hijos No Te Metas, antecedentes de las propuestas del «pin parental» de Vox. Un panorama global
de avance de la ultraderecha en la educación que pugna
por convertir la lógica del mercado en una ontología del
mundo. Para, como denuncian los autores, construir una
epistemología comprehensiva y global que forme a una
nueva generación de estudiantes marcada por una subjetividad neoliberal como forma de ver y comprender la realidad. Mientras tanto, erigen un «sentido común» dominante basado en un robusto conservadurismo, donde la
narrativa se ha convertido en campo de batalla constante,
no solo en la escuela, sino también en los espacios públicos,

las redes sociales y los medios de comunicación. Creando estados de ánimo que presionan al sistema educativo.

En segundo lugar, este libro no solo analiza los peligros que se ciernen sobre la educación, sino que se plantea la espinosa tarea de responder a la pregunta: ¿qué hacer? Aporta una serie de propuestas para combatir a la extrema derecha desde el ámbito educativo: desde el currículo, desde la organización escolar y desde la política educativa. No como un manual cerrado y terminado, sino como un punto de partida para combatir la ideología neoliberal, la pedagogía del egoísmo que promueve y la insolidaridad que conlleva el auge del autoritarismo reaccionario.

Así, los autores desarrollan cómo el cambio curricular conlleva «repolitizar» la educación, repensar los contenidos desde el antifascismo y la defensa del bien común; cómo el cambio organizacional impulsa la construcción de una cultura de cooperación y radicaliza la democracia en acción dentro de la educación; y cómo la política educativa es la que permite garantizar las condiciones materiales para que una educación antifascista sea posible. Porque constituir una plataforma educativa antifascista entre las comunidades educativas y caminar hacia la democratización de nuestros espacios escolares, en definitiva, apostar por una educación para el bien común, requiere también verse apoyado e impulsado por un conjunto de cambios a nivel de política pública en educación.

La escuela, por sí sola, no será la que ponga freno al crecimiento de la extrema derecha. Pero la escuela es un lugar estratégico para generar y consolidar procesos políticos y sociales de conformación de una política radicalmente democrática. Porque la educación es inseparable de la vida, del modelo social y político que queremos construir y defender. Por ello, este libro no plantea ser «la solución», sino contribuir a formar parte de ella, para poder disputar ese «sentido común» que está deviniendo en reaccionario y que se cuela en nuestras aulas cada día. Pasando de una pedagogía crítica a una praxis crítica. Un llamamiento urgente, como defendía Antonio Gramsci, a «tomar partido» contra la indiferencia, ese peso muerto de la historia que allana el camino a la reacción. Para volver a ser partisanos de una educación antifascista que defienda el bien común.

No dejen de leer, compartir y difundir este libro. Nuestra educación y, sobre todo, nuestro futuro se los agradecerá.

Introducción

En febrero de 2025, el grupo de extrema derecha[1] Libertad sin Ira quería organizar en la Universidad pública más grande de Madrid (la Complutense) un acto con el ex portavoz del partido VOX para presentar su nuevo proyecto, con la finalidad de «debatir sobre el futuro de España y el papel de su generación en la construcción de una gran nación próspera». A pesar de ir escoltados por la policía, no consiguieron realizar el acto ante estudiantes y profesorado que se opusieron al grito de: «¡No pasarán!».[2]

Libertad sin Ira forma parte de un ecosistema de organizaciones, colectivos y grupos que han constituido una constelación de extrema derecha que se extiende por Europa, América Latina, Estados Unidos y buena parte del mundo. Al igual que este colectivo juvenil, ese ecosistema neofascista pretende «poner freno al totalitarismo ideológico en los campus universitarios». Utilizan la «libertad» como su principal ariete ideológico y estratégico para difundir su discurso y confrontar contra los supuestos «enemigos» de la libertad, la patria y la civilización: sea el fenómeno de la migración, el feminismo, el «fanatismo climático» o el «marxismo cultural», como los definen.

Estas organizaciones se vinculan con partidos políticos cuyas redes operan a nivel global, pero que se adaptan a los contextos sociales y culturales de cada región y cada país. Han entendido que una de las batallas fundamentales es la de las ideas, releyendo a Gramsci desde un prisma libertariano y reaccionario, al mismo tiempo. En esta guerra, que han declarado a la justicia social y al bien común, uno de los campos de batalla en el que están disputando la hegemonía es la educación.

En su conocido libro *Antifa. El manual antifascista* (2019), Mark Bray recopila una serie de lecciones históricas para antifascistas. Pueden ser aplicables al ámbito educativo.

a) La primera es que el fascismo llega a través de las instituciones y los medios legales. En educación vemos cómo, en nombre de esta, las políticas de extrema derecha tienen la capacidad de destruir la educación pública, a través de políticas que están implementando allá donde están gobernando.

b) Una buena parte de los dirigentes políticos y los intelectuales y académicos no tomaron en serio el fascismo hasta que ya fue demasiado tarde. En educación, vemos cómo no se plantean medidas, propuestas ni pedagogías que pongan freno al avance de la extrema derecha en el seno de las instituciones educativas, considerando a veces que no es algo apropiado ni necesario.

c) Con frecuencia, el socialismo y el comunismo tardaron más que sus bases en valorar la amenaza del fascismo y más aún en apoyar respuestas antifascistas. En educación, mientras el profesorado y los claustros docentes se ven acosados por actores *ultras* al defender derechos humanos[3] o educación en igualdad, los responsables políticos no valoran suficientemente la amenaza que supone la extrema derecha y no generan políticas educativas antifascistas claras.

d) El fascismo le ha robado a la izquierda la ideología, la estrategia, la imagen y la cultura. En educación vemos cómo la actual extrema derecha se ha apropiado de la bandera de la «libertad». Defiende la «libre elección» de centro escolar, que es privatización, o la escuela y la universidad «libres de ideologías», que en esencia implica no analizar ni cuestionar el *statu quo* dominante.

e) No hacen falta muchos fascistas para que haya fascismo. En educación, es posible ver cómo menores, universitarios, familias e incluso profesorado se declaran votantes de extrema derecha o afines a la misma como forma de provocación, y crean un clima de crispación que genera un malestar social que se extiende más allá de las aulas. No son muchos, pero es preocupante porque pueden ser la base del crecimiento del neofascismo.

Frente a esto, sin embargo, hay un conjunto de colectivos sociales, movimientos comunitarios, colectivos feministas, sindicatos docentes, profesorado, sectores académicos, intelectuales comprometidos, comunidades educativas, etc., que buscan apuntalar los derechos y conquistas sociales obtenidas mediante históricas luchas en el campo de la educación, la igualdad y la justicia social. Plantean que esos avances culturales y educativos no pueden tener un espacio de retroceso en la escuela y en la universidad, y que, justamente, en estos momentos de crisis, de crispación, de dificultad, es cuando más hay que impulsar una agenda radicalmente democrática, progresista, e incluso revolucionaria, para hacer de las escuelas, de la universidad y de la educación en general un enclave fundamental del cambio social.

En este sentido, no partimos de cero en este libro. Recuperamos en él la experiencia de muchas comunidades educativas de distintos países, de profesorado, de movimientos de renovación pedagógica, de «mareas verdes» por la educación pública y laica, de la experiencia práctica que se está desarrollando en muchos sitios y en múltiples centros, que proviene, a su vez, de grandes pedagogas y pedagogos que a lo largo de la historia han propuesto auténticas revoluciones en educación. Al igual que nos nutrimos de nuestra propia experiencia como profesores, trabajando con colectivos docentes en México y América Latina y con colectivos docentes en España y Europa.

También reivindicamos la rica experiencia internacional de lucha antifascista en educación, como la *Cartilla escolar antifascista,* publicada en 1937 por la República española,[4] así como la reforma educativa cardenista en México en esos años, de claro tinte antifascista, en la que el presidente Lázaro Cárdenas llamaba a las naciones latinoamericanas a luchar para «destruir el nazifascismo». Ambas propuestas desataron una reacción brutal en el terreno educativo y fueron combatidas por el fascismo, con el trágico resultado de maestras violadas, lapidadas y asesinadas en el caso mexicano.

A casi un siglo de esas experiencias, convocamos a la memoria para iluminar nuestro presente. Llamamos firmemente a construir una agenda educativa internacional antifascista para el siglo XXI. Este es el objetivo de este libro. Cómo articular estrategias para esa educación antifascista en las aulas, en los centros, en las comunidades educativas y en la sociedad. No podemos permanecer ajenos a la barbarie. Educar en derechos humanos, en el bien común y en la democracia son elementos fundamentales de la finalidad de toda educación. La escuela y la universidad forman personas preparadas en conocimientos, pero también en principios y valores que hemos acordado colectivamente, que constituyen el marco fundamental de lo que nos hace humanos y que nos da esperanza de seguir construyendo un mundo más justo y mejor para las futuras generaciones.

La academia frente al ascenso de la extrema derecha

El ascenso de partidos y movimientos de extrema derecha a nivel global está generando cada vez más interés y preocupación en el mundo académico.

En marzo de 2025, en un contexto de debate generalizado en Estados Unidos por las políticas impulsadas por Donald Trump, focalizadas en profundizar la *austeridad social* y fomentar la acumulación privada, su gobierno anunció la cancelación de cuatrocientos millones de dólares en subvenciones y contratos a la Universidad de Columbia y ochocientos millones a la Universidad Johns Hopkins, ambas instituciones reconocidas en el circuito universitario estadounidense y a nivel mundial; lo cual se sumaba a una política de acoso a universidades señaladas de antisemitismo, debido a distintas expresiones de solidaridad con el pueblo palestino que estaba siendo masacrado en Gaza y Cisjordania. A propósito de dicha decisión, dos académicos de la Universidad de Harvard, Ryan D. Enos y Steven Levitsky, publicaron un artículo titulado «First They Came for Columbia» (2025),[5] aludiendo al conocido poema de Martin Niemöller, atribuido erróneamente al dramaturgo Bertolt Brecht.

En su artículo, Enos y Levitsky plantean que frente a la pasividad de las principales universidades privadas ante el «asalto autoritario a las instituciones de educación superior», la Universidad de Harvard debía levantarse y liderar una defensa pública de la libertad académica, en lugar de permanecer en silencio o cediendo, como la Universidad de Columbia, a las presiones de Trump; así lo ha hecho la Universidad de Harvard demandando a Trump en mayo de 2025. Pero, en todo caso, esto no deja de ser una muestra de una «política reactiva» de defensa del espacio universitario. Es decir, cuando la amenaza reaccionaria es ya un hecho en el sector educativo, es entonces cuando se propone luchar y volver a recuperar el estado previo a su surgimiento, que en Estados Unidos realmente significa desigualdad, exclusión y endeudamiento.[6] Lo cual invisibiliza que la respuesta política de las universidades no supone un avance en la mejora o la transformación académica y social, sino tan solo políticas reactivas, en el mejor de los casos, para conservar el *statu quo*. Una tendencia que nos remite hasta los tiempos mismos del macartismo, en el cual, en términos generales, la academia se mantiene al margen, no lucha contra la reacción conservadora, o incluso contribuye a ella, como explica el clásico estudio de Ellen Schrecker (1986).

Compartimos la preocupación por las condiciones universitarias, no obstante, consideramos que tratar de atender el tema cuando el «monstruo» toca ya a la puerta puede ser un despropósito. No es que el acoso a las instituciones educativas surja de la nada. Como toda guerra, la campaña de la extrema derecha contra la educación pública siempre está antecedida por la creación de un ambiente discursivo propicio. Y eso, en el contexto estadounidense, es un asunto que viene sucediendo desde hace mucho tiempo, tal como muestran los discursos del Libertarian Party que han buscado sistemáticamente abolir el Departamento de Educación (como está poniendo en práctica Trump), y también generar cambios en un circuito universitario volcado en políticas de identidad, englobadas dentro de lo que la extrema derecha denomina *wokismo*.[7]

La apuesta reaccionaria por golpear a las universidades no es un problema exclusivo de Estados Unidos, el acoso a la educación pública es también un asunto que se ha extendido globalmente. En febrero de 2024, Santiago Abascal, presidente de VOX en España, declaró que la Universidad de Salamanca era una «máquina de censura, coacción, adoctrinamiento y antisemitismo» (Camazón, 2024). El líder de la extrema derecha española alude frecuentemente al tópico de que las universidades le han declarado la guerra al sentido común, siguiendo también la tónica de la retórica *antiwoke* apuntalada por el *trumpismo* a nivel mundial (Urbán, 2024). En México, la crítica sistemática a la universidad pública ha llegado por parte de un magnate libertariano, impulsor de las actividades de Atlas Network, para quien la universidad pública es inútil y cuya cadena de televisión, una de las dos cadenas nacionales, mantiene una campaña de acoso a la universidad y la educación pública en su conjunto. Este mismo panorama puede encontrarse en otros muchos lugares alrededor del mundo, como los casos de los hermanos Koch, Elon Musk o Peter Thiel en Estados Unidos.

Ante el avance de la extrema derecha contra la educación en general, consideramos que no es suficiente una estrategia reactiva. No tenemos que esperar la agresión para reaccionar. Es preciso, desde las universidades y las comunidades educativas, dentro del campo de lo posible, evitar que dichas fuerzas crezcan, que tomen espacios en los medios, e incluso que utilicen la academia y la escuela como espacios para legitimar sus programas. Bajo este enfoque, es necesario pugnar por la construcción de un nuevo *habitus* académico, que vaya más allá de la lógica *mainstream,* aún vigente, de una academia y una educación alejadas de los problemas cotidianos de la gente común, remitida a una «torre de marfil», como se suele acusar al ámbito universitario.

El papel de quien se dedica a la vida académica y educativa resulta estratégico al menos en tres ámbitos:

a) Tiene la posibilidad de investigar, analizar y difundir el conocimiento sobre el origen, desarrollo y las consecuencias de la ideología de la extrema derecha.

b) Tiene la oportunidad de trabajar conjuntamente con su alumnado y con sus colegas sobre el conocimiento local y global respecto a las experiencias políticas que pueden resultar útiles para frenar el avance de la extrema derecha.

c) Tiene la capacidad de participar en la lucha política en la defensa del bien común y frente a la amenaza del cierre de espacios públicos educativos, así como el ascenso de la extrema derecha.

Para llevar esto a cabo es importante problematizar un elemento que se ha convertido en un lastre para la conformación de una academia socialmente comprometida: el asunto de «los matices» en la investigación, la docencia y la argumentación.

Un fenómeno relativamente extendido en las ciencias sociales apunta a que quien trabaja desde los espacios universitarios debe ser cuidadoso en el desarrollo de sus ideas. No hablamos aquí solo de una vigilancia epistemológica, en el sentido de Bourdieu, Chamboredon y Passeron (2002), básica e imprescindible para el desarrollo de un ejercicio científico riguroso y confiable, sino de un cuasi-institucionalizado ejercicio de autocensura. Lo cual tiene que ver con la toma de posición política en el mundo académico. Esto suele ser frecuente motivo de sospecha, desprestigio o incluso impedimento para acceder a determinadas posibilidades (invitación a espacios académicos, financiación de investigaciones, dirección de tesis, participación en equipos de investigación, etc.). Algo que se ha hecho evidente a nivel global con la presión institucional de algunas universidades ante las movilizaciones de estudiantes y docentes contra el genocidio en Gaza, por ejemplo, que han supuesto duras represalias en algunos casos.

Pero como en otros ámbitos, también la autocensura no suele presentarse como lo que es, sino que se presenta —o la presentamos— invocando la figura «políticamente aceptable» del «matiz académico». En algunas ocasiones, se muestra a través del silencio o el ocultamiento, es decir, el hecho de no nombrar a las cosas por su nombre: no nombrar al racismo como racismo, al fascismo como fascismo, al capitalismo como capitalismo y a la explotación como explotación. Otras, utilizando el «truco» lingüístico de invisibilizar los hechos (el genocidio en Palestina), nombrándolos de forma no conflictiva o equidistante (es una guerra entre dos partes), porque nombrarlos supone posicionarse política y éticamente. Y, algunas veces, describiendo académicamente los acontecimientos o los hechos (es una barbarie), pero sin llegar a implicarse políticamente en su solución. Esta tibieza política ha permitido que también en los propios campus universitarios y en los centros educativos la extrema derecha crezca entre el propio estudiantado, e incluso entre el profesorado y los equipos directivos.

Hay otro argumento, o más bien, un conjunto de argumentos académicos que explican por qué el «matiz académico» no es necesariamente deseable. En un interesante trabajo, Healy (2017) analiza cómo mantener una posición «matizada» no es necesariamente una virtud para una buena teoría sociológica. Consideramos que esto es además especialmente aplicable cuando se trata de llevar a cabo aproximaciones teóricas a problemáticas sociales y políticas de urgencia. Particularmente en coyunturas donde el juego político agudiza las tensiones, radicaliza el impacto, y el movimiento intempestivo de la lucha tiende a mostrar, frente a nuestros ojos, aparentes construcciones ideológicas difíciles de entender de forma razonable.

Ambos autores hemos escuchado en distintos espacios y debates la necesidad de «matizar» a la hora de abordar y analizar la aparición o el crecimiento de grupos conservadores, muy conservadores, promercado, muy promercado o radicales de mercado[8] (Slobodian, 2024). Algo similar se decía al principio de la incursión israelí sobre territorio palestino o sobre el avance de Javier Milei en Argentina. Debíamos de ser cuidadosos, hablar con muchos matices. Matizar la postura, matizar el concepto, matizar las ideas, matizarnos a nosotras y nosotros mismos.

Ahora que en Palestina han sido asesinadas más de sesenta mil personas por el régimen israelí, y que seguidores de Milei celebran «a la policía por cada balazo bien puesto en cada zurdo» que sale a las calles a defender los derechos sociales, nos preguntamos cuál ha sido la función del «matiz».

En la actualidad el racismo, el sexismo, la xenofobia, la aporofobia, la LGBTfobia, etc., se consolidan a medida que resulta evidente una destrucción del tejido social. Estos fenómenos, aunque formalmente sancionados o cuando menos denunciados, también se encuentran en nuestros espacios académicos, en las universidades y las escuelas. Y no se quedarán ahí, porque todo ello es parte de un proceso que acompaña al avance de la extrema derecha. Y sin importar el espacio en el cual se encuentre quien nos lee ahora, particularmente en el ámbito docente o académico, probablemente también le hayan pedido que tenga en cuenta los matices cuando se trata de hablar y luchar contra las injusticias.

Lo más curioso es que la exigencia de matizar al producir el conocimiento, entender el mundo, nombrar las cosas e intervenir, siempre recae fundamentalmente en quienes experimentan o sufren la opresión o quienes epistemológicamente se adscriben a una posición política desde la subalternidad. Un constante matizar, para no herir los sentimientos o para no molestar a quienes ejercen su «libertad de expresión», base y pretexto que acaba justificando o legitimando la posibilidad de disfrazar los discursos de odio como «otra opinión posible».

Alguien podría responder que el matiz —entendido como un trabajo conceptual fino— es necesario en aras de una mejor comprensión que coadyuve a una mejor respuesta. Puede ser, pero no siempre es así. A menudo esa limitación epistemológica puede conducir también a la inoperatividad de la acción política y social. Y a nuestro criterio, la inoperatividad política —particularmente cuando se trata de luchar por causas justas, por derechos humanos y hacer frente al poder— ha sido un sello que ha acompañado el rol social de la academia y la educación durante mucho tiempo, adscribiéndose a la supuesta «neutralidad» académica o educativa. Argumentando la necesaria «objetividad», que acaba convirtiéndose con frecuencia en reproducir el discurso dominante que se ha normalizado como el único posible y «evidente».

No obstante, con lo anterior no decimos que dejemos de lado el rigor académico, que renunciemos a la investigación cuidadosa, a la pertinencia conceptual. Al contrario. Nos referimos a que, una vez realizado ese proceso, procedamos a nombrar a las cosas por su nombre y, quizás más importante, nos animemos a avanzar en una praxis política clara para atender los retos del mundo que enfrentamos actualmente. Esto resulta cada vez más imprescindible y apremiante, antes de que nos quedemos sin tiempo para reaccionar.

Tal como está implícito en un artículo de Enos y Levitsky (2025), la extrema derecha «va a por todas y a por todos». Y desde nuestras universidades, escuelas, barrios y comunidades, es necesario hacerle frente. Aunque en el ámbito educativo a veces se plantea —retomando un idilio liberal— que es necesario evitar posiciones frontales para no generar conflicto, consideramos que los tiempos, los procesos y los fenómenos de actualidad requieren confrontar abiertamente esta barbarie. Las universidades, las escuelas, la academia en general tiene un papel crucial e histórico para participar en esta batalla «hasta mancharse», como diría el poeta Gabriel Celaya.

Primera parte
Las razones del asedio

La educación es política, pues su diseño y puesta en práctica conlleva una visión del mundo y una concepción del ser humano y de cómo debe ser la sociedad. Históricamente todo proyecto político ha buscado construir también un proyecto educativo que responda a su manera de entender la realidad y las relaciones sociales.

Para el movimiento conservador y la extrema derecha, la educación es un espacio fundamental. No es acertado el análisis que considera simplemente que «busca sociedades ignorantes» o que «no le importa la educación». Es un error estratégico. Como hemos planteado en la introducción, a la extrema derecha le importa la educación, y mucho. Quizás, incluso, le importa tanto o más que a las fuerzas de izquierda y progresismos. Y una muestra de ello es que en estos momentos nos encontramos frente a la articulación de una tendencia global de cambio educativo reaccionario. Otro síntoma es que los programas educativos de los partidos de extrema derecha suelen ser mucho más ambiciosos cuando se trata de educación y que, además, algunos elementos de la narrativa de dichas formaciones ya comienzan a extenderse por el sector educativo.

Recientemente participábamos en un taller de igualdad en un instituto de secundaria de una zona rural en España, tradicionalmente de izquierdas, donde siempre estuvo muy arraigada la lucha sindical y reivindicativa del sector de la minería. Resultó sorprendente que algunos estudiantes (varones) no solo se declaraban seguidores del partido de extrema derecha VOX, sino que se defendían posturas profundamente machistas. En otro instituto en la zona urbana nos comentaba la directora que una madre había exigido que se retiraran los carteles y murales feministas por el 8 de marzo que adornaban los pasillos del centro educativo porque eran «ideología de género». Ejemplos que se repiten en muchos centros, universidades y escuelas en España. Algo que no resulta esporádico, ni en España ni en el continente europeo ni en América Latina: colegios que acogen charlas de líderes de extrema derecha, como Alvise Pérez; en México, organizaciones conservadoras de padres de familia han mantenido una campaña permanente para «restituir el derecho de educar a sus hijos» y califican de «libros comunistas» los materiales educativos que impulsó el gobierno de López Obrador; el grupo Moms for Liberty[9] en Estados Unidos mantiene campañas políticas contra la llamada «teoría crítica de la raza» (TCR),[10] que considera una imposición del Estado; en Brasil, el movimiento de extrema derecha Escola sem Partido (Escuela sin Partido), apoyado por el entonces presidente Bolsonaro, animaba a denunciar al profesorado que trabajara contenidos sobre diversidad sexual, feminismo y derechos LGTBI, considerándolos «propaganda ideológica», y a perseguir las propuestas de las instituciones educativas que seguían las ideas del pedagogo brasileño Paulo Freire (autor de *Pedagogía del oprimido*), a quien acusaban de ser la base del «adoctrinamiento marxista».

Ejemplos como los mencionados sirven para poner de relieve el alcance de la extrema derecha en el sector educativo. En estricto sentido, la extrema derecha pretende dar lo que denomina «la batalla cultural»[11] para avanzar en su agenda educativa que se articula con su programa político: reproducir y fortalecer el capitalismo, fragmentar la organización y lucha social, impulsar una cultura individualista, recuperar una supuesta «patria originaria» con tintes nativistas, el rechazo a la diversidad sexual y a la «ideología de género», la imposición de valores religiosos tradicionales, la censura de ideas progresistas en la educación, consolidar el control social y la defensa de un orden social jerárquico basado en la familia patriarcal, la seguridad autoritaria y la pureza cultural.

Las investigaciones recientes (Díaz, 2023; Grésillon, 2025; Nilan, 2025) confirman que la extrema derecha ha encontrado en los jóvenes un objetivo de sus discursos, que operan a nivel emocional, visceral y simbólico en adolescentes, quienes repiten en las escuelas y universidades cada vez más términos, frases y argumentaciones de la extrema derecha que les llegan a través de su entorno social y de la «manosfera».[12]

En este sentido tenemos que ser conscientes de que la escuela, la educación en general, está condicionada por la sociedad en la que desarrolla su labor. La escuela y la universidad están integradas por profesorado, alumnado, familias, personas que son parte de la sociedad en la que viven. Y en la sociedad actual esta ideología de extrema derecha está en auge. Y aunque la escuela y la universidad también tienen la función de transformar y mejorar la realidad, a veces su papel puede quedar reducido a reproducirla si las comunidades educativas y profesionales que la integran, con el apoyo social, no se involucran activa y decididamente en la lucha por esos valores que proclaman.

Como analizaremos a continuación, son dos las fuentes ideológicas del actual proyecto de extrema derecha en educación a nivel global.

La serpiente libertariana en la educación

A finales de septiembre de 2023, en Colorado (Estados Unidos), se produjo una polémica que saltó a los medios de comunicación. Administradores de un centro educativo no permitieron que un joven llevara una mochila con un logotipo o parche con la denominada «bandera de Gadsden» (de fondo amarillo y una serpiente de cascabel en forma de espiral con la conocida frase «Don't tread on me»). Un símbolo que originalmente sirvió como elemento de identificación de la lucha contra la corona británica durante la guerra de Independencia de Estados Unidos, pero que en tiempos recientes ha sido utilizada por el movimiento libertariano[13] de todo el mundo. Junto a esta bandera, el estudiante exhibía otro logotipo que aludía a la «libre posesión de armas». Tras la polémica mediática, la escuela finalmente se vio obligada a admitir que el estudiante llevara ambos símbolos, lo cual se consideró una victoria de la «libertad» del estudiante por los grupos libertarianos.

La «bandera de la serpiente» también ha llegado a las universidades. En Argentina, con la expansión de la presencia libertariana, en la Universidad de Buenos Aires (UBA) es cada vez más común encontrar estudiantes con la bandera de Gadsden llamando a construir «una UBA del siglo XXI», utilizando como excusa cursos de Economía Austriaca (de ideología libertariana), capacitación laboral, «lucha por la transparencia», cursos de finanzas y clases de apoyo a estudiantes de esa institución.

El libertarianismo no está llegando a las escuelas y a las universidades de manera casual a través de logotipos o parches que portan estudiantes en sus mochilas, o mediante la propaganda impulsada por organizaciones liberales y libertarianas vinculadas a redes de *think tanks* como Atlas Network. Es fruto de toda una estrategia sistemática y organizada, puesto que la educación —tanto la formal, como la no formal e informal— ha sido una preocupación constante de la construcción intelectual del «radicalismo de mercado» (Slobodian, 2024).

Desde los textos clásicos de los padres de la Escuela Económica Austriaca a los trabajos más importantes de los economistas de Chicago, así como las intervenciones actuales de líderes «promercado» como Juan Ramón Rallo, Jesús Huerta de Soto o Axel Kaiser, el problema educativo siempre ha estado presente entre sus preocupaciones fundamentales. De hecho, es un tema de reflexión, análisis y propuesta permanente para el libertarianismo, lo cual lamentablemente ha sido a menudo caricaturizado por una parte de la izquierda, que ha preferido obviar la disputa en esta «batalla cultural», minusvalorando su importancia o acudiendo a lugares comunes de argumentación que han minimizado su importancia.

Para los promotores del libertarianismo la educación ha sido tan fundamental que al menos el ochenta y nueve por ciento de los socios a nivel mundial de Atlas Network afirma que una parte de su trabajo de «activismo promercado» está dedicada a temas educativos (Lips, 2020). En España, en 2021, operaban nueve *think tanks* y organizaciones asociadas a Atlas Network, dedicadas a la discusión de distintas temáticas, entre las que se incluía la política educativa. No solo han desarrollado un conjunto de ideas, propuestas e intervenciones coyunturales en el ámbito público, sino que también llevan a cabo programas educativos formales, donde se busca impulsar las ideas de «libertad» en la juventud. Para ello, pueden asociarse a instituciones de educación superior privadas u otros centros de pensamiento.

Además de mantenerse articuladas mediante Atlas Network, estas organizaciones construyen una «ecología de la libertad» vibrante a nivel nacional en cada país. Se otorgan premios entre sí, se invitan mutuamente a eventos donde se discute la política nacional o comparten integrantes de sus juntas de gobierno (mayoritariamente masculinas), producen materiales de forma conjunta, etc. Conviven y siguen a medios de comunicación o editoriales, como Libertad Digital y Unión Editorial, además de informarse o compartir opiniones en medios como *libremercado.com.*

La presencia del radicalismo de mercado en España, y de actores españoles en el movimiento libertariano global, es relevante y se consolida cada vez más, a través de instituciones como el Instituto Juan de Mariana. Asimismo, se constata en la asistencia a eventos libertarianos de personajes como Isabel Díaz Ayuso y José María Aznar. De esta forma España se ha consolidado como un foco de influencia hacia América Latina en el ecosistema de *think tanks* libertarianos, particularmente con las actividades de organizaciones como la Fundación Internacional para la Libertad (FIL), presidida por Mario Vargas Llosa, creada en Madrid en el año 2002 y que es un espacio de encuentro de la extrema derecha latinoamericana. Muestra de ello es el

Premio Juan de Mariana de 2024 otorgado al presidente argentino Javier Milei.

En la historia del libertarianismo global, España representa un polo de importancia, tanto por la ya mencionada influencia hemisférica que se ha construido históricamente hacia América Latina, como también porque la denominada Escuela de Salamanca constituye un antecedente del pensamiento económico austriaco. Los *market radicals* españoles han logrado ocupar espacios estratégicos tanto a nivel global como en la política del Estado español a través de medios de comunicación, en los gobiernos, en la academia, en el mundo educativo y también en la propia política educativa institucional. Esto les ha permitido un considerable grado de intervención en procesos relevantes de toma de decisiones que, paradójicamente, ha resultado apenas mediáticamente discutido en toda su complejidad. Sin embargo, sus alcances han resultado clave en el debate educativo a nivel nacional y autonómico.

Además, resulta crucial considerar cómo, desde España, han logrado intervenir en la geopolítica del hemisferio occidental mediante la construcción de estrechas redes de colaboración con actores centrales de la extrema derecha latinoamericana, como presidentes, candidatos presidenciales y líderes conservadores, los cuales les han permitido ser reconocidos como impulsores del «movimiento mundial por la libertad».[14]

Un panorama similar se ha producido en América Latina, donde también las organizaciones de Atlas Network han resultado actores clave en el diseño y promoción de reformas educativas. Un caso paradigmático al respecto es Chile, donde además de la bien conocida influencia directa del pensamiento de Milton Friedman y el propio Friedrich Hayek sobre los intelectuales de la reconversión

de mercado durante la dictadura pinochetista, también
existen *think tanks* vinculados a Atlas Network que han
sido fundamentales en la reforma educativa en tiempos
de democracia. Es el caso de Libertad y Desarrollo, que
con una agenda de lucha contra el «adoctrinamiento estatal» y la promoción de «mercados educativos» logró
irrumpir en la escena de la política educativa en el país
sudamericano durante el periodo de la denominada Con-
certación, desde el final de la década de 1990.

Por otro lado, la circunstancia actual en Argentina resulta ilustrativa. El gobierno de Javier Milei ha nutrido su
programa de gobierno con sectores provenientes de *think
tanks* vinculados a Atlas Network, en los cuales ha encontrado un *locus* de producción intelectual promercado. En
el ámbito educativo, ha sido la fundación Libertad y
Progreso la más relevante. En el año 2022, presentó su do-
cumento «Reformas para construir nuestro futuro» (Solanet, 2022), donde advertía del progresivo colapso y deterioro de la educación (diagnóstico común del que parten,
para erigirse en «salvadores»). El bloque de dicho docu-
mento dedicado a educación, elaborado por Edgardo
Zablotsky,[15] planteaba que el problema en Argentina, aludiendo al diagnóstico estándar de la ideología promercado
en educación, es que la burocracia y los sindicalistas docentes (que tienen intereses contrarios a las familias, según
los libertarianos) han logrado tomar el control del sistema
educativo, convirtiéndolo en un «sistema de adoctrinamiento estatal». La solución, pues, era revertir «la infiltra-
ción de la izquierda» en la educación y el adoctrinamiento
en las ideas de Freire,[16] mediante un cambio radical del
sentido de la educación: cooperación «libre» para la creación de emprendimientos, políticas performativas en educación,[17] declaración de la educación como un servicio

esencial —con lo cual se contraponía al derecho de huelga del profesorado—, evaluación previa para el acceso a la universidad e imposición de un sistema de escuelas *charter*.[18] Esto, aunado al reiterado llamado a erradicar el «adoctrinamiento escolar» que, según el libertarianismo, es la finalidad de toda educación pública.

También el *voucher* educativo[19] ha sido una propuesta impulsada en la región por actores cercanos a Atlas Network y otras organizaciones de la órbita libertaria. En Perú, en septiembre del año 2022, Alejandro Cavero, cercano a la organización Students for Liberty, lanzó un proyecto de ley que buscaba crear un sistema de *vouchers* escolares,[20] con el fin de «mejorar la calidad» educativa del país. Esta propuesta ha sido también impulsada en México por intelectuales y organizaciones libertarianas.

¿Qué plantean los libertarianos en educación? Parten de un análisis sobre el «hecho educativo», que consiste esencialmente en una extrapolación de la teoría económica marginalista y la teoría subjetiva del valor (ambas provenientes del campo de la economía) al ámbito de la educación. Lo cual supone, por definición, una reducción preocupante. Si en la esfera de la economía los partidarios del libertarianismo —salvo en cierta medida los teóricos del paleolibertarismo, como mencionaremos más adelante— no consideran factores complejos como la política o la cultura, en la educación, donde ambos factores resultan cruciales tanto para su desarrollo como para su entendimiento, ambas dimensiones resultan prácticamente negadas y obviadas. Para la aproximación libertaria, la educación no tiene una especificidad, sino que es un correlato de su mundo económico. Una educación donde esencialmente hay intercambios voluntarios, producción, consumo y un orden «libre» que hay que defender respecto a condicionantes institucionales o informales a la «libertad del consumidor». Aunque es realmente una caricaturización precaria de la densa y compleja problemática educativa, resulta conveniente abordarla debido al alcance que ha logrado entre distintos sectores de la población.

El libertarianismo rechaza la educación pública financiada con impuestos, que considera una «colectivización» de los sistemas educativos. Asimismo, considera que el sistema educativo es un mecanismo con el cual un grupo específico con influencia tiene la capacidad de imponer al resto de la sociedad sus deseos respecto a cómo formar a las siguientes generaciones. Dado que para el libertarianismo los impuestos constituyen en esencia un robo, la educación pública es un engaño financiado con el robo a los actores productivos en una sociedad.

Los libertarianos creen que la educación pública es incompatible con una sociedad libre. Su propuesta es que el Estado debe dejar de operar en el ámbito educativo, con lo cual las personas y las comunidades sociales tendrán libertad, al no tener que pagar impuestos para financiar la educación pública y también al no tener que seguir una serie de principios curriculares impulsados por la burocracia centralizada en el aparato del Estado. Libertad para gastar el dinero propio y libertad para decidir qué es lo que se quiere enseñar y aprender, una fórmula que consideran muy atractiva.

Esto, según la doctrina libertariana, permite también apuntalar una gestión eficiente de las empresas educativas, una mejora en la organización de la educación por parte de docentes, familias, estudiantes y demás actores educativos. Asegura, además, que los sistemas educativos públicos, administrados por el Estado, solo pretenden homogeneizar las mentes. Una «estandarización» que no permite el desarrollo del talento individual de cada estudiante (McCluskey, 2020). El director del Center for Educational Freedom de Cato (uno de los *think tanks* libertarianos más influyentes) demanda un futuro donde se «liberen a los mercados» para ofrecer una educación «basada en la libre decisión sobre qué enseñar y aprender, cuándo y cómo educarse, y cómo preservar y proteger la diversidad de personas, ideas y estilos de vida» (McCluskey, 2020).

Para los libertarianos, el Estado, las burocracias y otros grupos interesados en construir y mantener privilegios, como los sindicatos docentes, buscan consolidar un «orden educativo» jerárquico, centralizado por el Estado, mediante el cual les resulte posible unificar y homogeneizar los procesos formativos para mantener un control sobre lo que se enseña, cómo se enseña y para qué se enseña, y procurar la reproducción de una ideología asociada al *statu quo*. Por eso, la educación ha sido para el libertarianismo un espacio estratégico y un eje clave de su lucha por la libertad individual frente a la «imposición estatal colectivista».

Los libertarianos se denominan *freedom fighters* (luchadores por la libertad) que creen que es necesario impulsar una «guerra de las ideas» (así denominada en tiempos *neocon* en la época de Reagan, Thatcher…), actualmente una «batalla cultural», que permita consolidar un «sentido común de mercado» en la población y un rechazo a principios de justicia social y redistribución económica. Para ello, encuentran en las escuelas y las universidades el *locus* ideológico por excelencia, en el cual quieren difundir sus postulados. A pesar de que, de hecho, ya la «lógica del capital» no solo se difunde a través del currículo oculto y una parte sustancial de los contenidos habituales, sino que también se racionaliza, se expande y es legitimada como parte de una narrativa escolar frecuente relativa al mundo deseable.

No obstante, la apuesta de estos grupos no consiste solo en reproducir la narrativa del mercado en educación, sino convertir la lógica del mercado en una ontología del mundo. Con ello quieren construir una epistemología comprensiva y global que forme una nueva generación de estudiantes marcados por una subjetividad neoliberal como forma de ver y comprender el mundo y la realidad. Esta concepción de «libertad de mercado» radical se encuentra en el centro tanto de su análisis sobre los problemas del sector educativo y las potenciales soluciones a esos problemas, como respecto a las iniciativas de cambio específicas que llevan a cabo a distintos niveles de intervención.

La «libertad» de la «serpiente libertariana» consiste en una concepción un tanto simplista de la libertad negativa, teorizada en gran medida por Friedrich Hayek. Parte del principio incontrovertible de «no intervención» frente a la acción individual. Cada uno es libre para decidir, sin la intervención del Estado. Cada uno es libre para educarse sin ideologías oficiales, es libre para aprender sin coerción. Planteamiento que incluso parecería dialogar o complementarse con propuestas educativas progresistas o hasta revolucionarias.

Pero esta noción de libertad encubre un grave problema. La educación es, a fin de cuentas, un hecho social y que tiene implicaciones sociales también. Nunca es un hecho individual. No solo el conocimiento y la comprensión del mundo están construidos desde y en función de la interacción con los demás, sino que necesitamos a otras personas para educarnos. Somos interdependientes y seres en relación, es la base de nuestra humanidad. Y la educación se ha constituido como un derecho que necesi-

tamos que otros, la comunidad, nos garanticen, especialmente cuando somos vulnerables y dependientes. La libertad de educarse cada uno al margen del otro es una
entelequia ajena a la condición humana.

A menudo, la crítica de teóricos libertarianos al sistema educativo público se construye como una crítica al
sistema económico liderado o regulado por el Estado: la
educación pública constituye un monopolio estatal, en el
cual el poder elabora los planes y programas de estudio
para centros educativos de todos los niveles, como si fuera
un correlato de una «economía de planificación centralizada». Así, para los libertarianos la educación pública representa esencialmente un problema de ineficiencia, deri-
vado de su condición de monopolio.

La inversión pública destinada al sector educativo
—obtenida mediante la «coerción» que representan los
impuestos— no genera un retorno suficiente, debido por
lo general a una burocratización, ideologización y sobre-
autoridad de organizaciones colectivas, como sindicatos
docentes y burocracias educativas, así como la excesiva
capacidad directiva del profesorado y no de las familias.

Para los economistas e intelectuales libertarianos, la
solución consiste en ampliar los espacios de reproducción
del mercado en el sector educativo. De esta forma, la
única manera de cambiar la educación es privatizándola.
Construir una oferta diversa de la «mercancía educativa»
centrada en la competencia, la cual permita que, tal como
en el mundo de la economía —al menos en la economía
teórica—, la competencia promueva el fomento de la
«mejor educación posible» a un costo más bajo; lo cual,
afirman, supondrá más productividad del trabajo docente y mejores resultados educativos, medibles, por ejemplo,
mediante pruebas estandarizadas. Por lo tanto, mejorar

la educación se logra mediante la quiebra del Estado y la «libre» competencia. Y esto se alcanza a través de la expansión de las actividades del mercado.

Think tanks e intelectuales neoliberales y libertarianos consideran que el sector educativo tiende a estar a la zaga de la evolución social y por ello es tan importante apostar y trabajar por su «innovación» y cerrar la brecha entre las necesidades del mercado y lo que la escuela produce. Consideran que mientras en el ámbito productivo las técnicas cambian, la tecnología se incorpora y el trabajo es objeto de intervención con miras a la mejora de su productividad, el cúmulo de reglas en el sector educativo avoca a escuelas y estudiantes a un marasmo que termina por hacer retroceder la calidad de la educación, generando resultados calificados por los libertarianos como «mediocres» y, además, sumamente ideológicos. La regulación es el problema fundamental que debe solucionarse, y solo podrá ser superado cuando las reglas informales del mercado tomen el control de la organización escolar, el trabajo docente, el currículo y la financiación de las escuelas, así como la dinámica de competencia entre los centros educativos.

Los planteamientos libertarianos responden a una lógica instrumental: educar para la producción, para el consumo, para el mercado. De fondo, esto no es más que una radicalización del planteamiento de la noción de «capital humano», formulado por el economista de la Universidad de Chicago Gary Becker, integrante de The Mont Pelerin Society, una organización trasnacional crucial en la historia de la difusión del ideario neoliberal.

Como ha sido ya ampliamente discutido, el análisis de la noción de capital humano conlleva implicaciones no solo económicas, sino también políticas y sociales. A partir de los trabajos de Foucault (2007), la concepción del capital humano conlleva una dimensión de subjetivación, es decir, de construcción de una serie de nociones y disposiciones de ser y estar en el mundo de acuerdo a la lógica del capital. Pensar al ser humano desde el prisma del capital consiste en una lectura hipermercantilizada del mundo. Según esta lógica, la humanidad encuentra esencialmente su fin en la autorealización capitalista, la autoexplotación, convirtiendo a la persona en una «empresa de sí». La entrega a la dinámica gerencial que fomenta la reproducción de una forma de vida centrada en la producción, el consumo y, el sueño para las grandes mayorías, la acumulación sin fin.

Por otro lado, hablar de la humanidad a través del prisma del capital humano implica también un proceso de individualización en el cual la dimensión de clases sociales no tiene ya lugar y, por lo cual, la dinámica de «lucha de clases», la disputa por el producto del trabajo social y la idea misma de revolución no encuentran ningún sentido.

Si bien la formulación de capital humano aporta una perspectiva muy utilizada para ponderar analíticamente la relación entre la educación y, por ejemplo, el crecimiento económico de los países, un tema que es objeto de continua polémica, existe una diferencia sustancial entre el uso analítico del concepto y la conversión de esta concepción en una ontología de un mundo hecho a imagen y semejanza del capital.

Pese a lo anterior, los libertarianos suelen mantener la noción de que cualquier planteamiento de la educación que no se ciña a los principios del capitalismo es ideología, en el sentido clásico del término, y, por ende, debe ser expulsado del espacio escolar. En contraste, la ideología del mercado es considerada por ellos como una verdad indiscutible que constituye un corpus de «ideas correctas». Y en esa medida debe ser impulsada en el currículo formal, en el currículo oculto, en el aprendizaje circunstancial y en todos los espacios posibles.

Pero este enfoque no es solamente un planteamiento teórico. También impulsa reformas políticas. Aunque no se apeguen estrictamente a un orden de mercado en educación, suelen favorecer las soluciones de cuasimercados a la diversidad de problemáticas educativas. Es por ello que tienden a apoyar la difusión y extensión de escuelas concertadas en el caso español y chileno, *charter schools* en el estadounidense, etc. Es decir, aunque sus líneas de intervención apuestan por la creación de mercados educativos completos, sin regulación y bajo el principio de competencia total, asumen estratégicamente que la existencia de «sistemas cuasimercantiles» en educación o el *voucher* educativo es mejor que la presencia omnipotente del Estado, y la regulación que ello conlleva.

Los radicales de mercado comparten un conjunto de propuestas para solucionar el problema educativo, las cuales pueden ser analizadas como un *continuum,* que, aunque basadas en el mercado, promueven distintos grados de radicalidad: a) modelos de administración educativa en colaboración público-privada; b) esquemas de financiamiento a la oferta *(voucher);* c) mecanismos privados de financiamiento de los mercados educativos; d) transferencia (venta) de centros educativos a docentes, con el fin de construir escuelas dirigidas por «propietarios»; e) liberar a las escuelas y universidades para que puedan impartir cualquier contenido educativo que resulte atractivo o demandado por el mercado; f) presencia de actores económicos en competencia en los mercados educativos, individuales o en cadenas de emprendimiento escolar. En términos generales, dichas propuestas se encaminan a luchar contra el monopolio educativo del gobierno, es decir, «eliminar la influencia, control y administración del gobierno sobre toda la educación» (Mercado, 2014: 52).

Coinciden con el conservadurismo tradicional en defender la «propiedad de la infancia» por parte de sus progenitores. Consideran que la comunidad social, a través del Estado, no es quien para ofrecer una educación plural a la infancia, en torno a los valores sociales consensuados democráticamente. Para el radicalismo de mercado, el Estado no tiene derecho alguno para intervenir en la educación de los niños y las niñas. Debido a ello, «radicales de mercado» y conservadores tienden a coincidir con propuestas tales como el pin parental y otros mecanismos de control por parte de las familias-clientes sobre la educación. A ello responde que relevantes movimientos políticos en torno al sector educativo, como Moms for Liberty, tiendan a confluir entre posiciones promercado y abiertamente reaccionarias.

Detrás de este conjunto de propuestas están ideas fundadas en una serie de principios de mercado férreamente establecidos, que suelen responder más a criterios ideológicos que a posibilidades prácticas de mejora educativa: pensar que los docentes, ahora «propietarios», pasarán a ser «empresarios» que velarán por el buen desempeño de su escuela; creer que la «libre competencia» entre centros educativos permitirá una mejora en la «calidad»; considerar que la gestión público-privada de los centros escolares traerá una mayor eficiencia y con ello una disminución de la segregación escolar; pensar que los sistemas de financiamiento educativo funcionarán como un trampolín para que familias con recursos escasos puedan avanzar en «la escalera de la movilidad social». Todas estas, creencias ideológicas que se han demostrado reiteradamente falsas a lo largo de los años (Bernal Agudo y Vera, 2019; Lubienski, 2023; Rogero-García y Andrés-Candelas, 2014).

Además de análisis, propuestas y reformas en educación, el libertarianismo ha creado también instituciones educativas, en gran medida dedicadas a la difusión de planteamientos neoliberales y proprivatización, como las distintas sedes de la Universidad Francisco Marroquín en Guatemala y España, la Universidad de las Hespérides en Gran Canaria, creada por Gabriel Calzada, la Universidad UCEMA (de la que es rector Edgardo Zablotsky) y la Universidad de la Libertad en Ciudad de México. Esto es un paso más en la creación de instituciones de educación superior con una clara influencia promercado, como lo han sido *think tanks* situados en universidades de Estados Unidos, como el Hoover Institute, en la Universidad de Stanford.

La intervención libertarianista en el debate educativo implica también la creación de una «utopía educativa capitalista», la cual será alcanzable, según ellos, una vez que los mecanismos burocráticos y colectivistas sean superados. En contraste con la educación pública provista por el Estado, los teóricos y activistas libertarianos consideran que esa utopía educativa de mercado no está fundada en el miedo a la diversidad, que es lo que provoca la centralización y homogeneización estatal, sino que esa diversidad es apuntalada por el ejercicio de la libertad de la diversidad de actores educativos.

Al respecto, el esbozo que hace Santos Mercado, reconocido intelectual en el ámbito neoliberal mexicano, resulta interesante. Por ello lo citamos en extenso:

En economías capitalistas el Estado no controla la educación, ni construye escuelas y mucho menos diseña lo que debe aprender la gente. Todo es hecho por los agentes privados. Un individuo decide fundar una escuela, compra el terreno, construye el edificio, contrata profesores, diseña los planes y programas, establece los sueldos del personal y las colegiaturas que deben pagar los alumnos. Todo sin regulaciones del gobierno. Así son las verdaderas escuelas privadas. Se atienen al mercado: si el plantel es agradable, si hay buenos profesores y los padres de familia constatan que sus hijos aprenden, seguirán pagando la colegiatura y la escuela podrá crecer y mejorar cada día. Si los clientes ven que la escuela es mala, se retiran y esa institución mejora o cierra sus puertas. Además, en estas economías de mercado la competencia es libre, así que cualquiera puede poner una escuela empezando desde el garaje de su casa.

Todos deben pagar por el servicio educativo que reciben. Algunos pagarán en el momento si tienen recursos; otros, tomarán créditos bancarios no solo para pagar la colegiatura, sino para solventar todos sus gastos mientras se conserve como estudiante. El banco podrá otorgarle crédito incluso para estudiar en el extranjero si así lo desea el alumno. Al terminar la carrera, el alumno se pondrá a trabajar o abrirá su empresa y empezará a pagar el crédito, contando con un plazo suficientemente largo, digamos 20 años.

En una economía capitalista no puede existir impedimento para que un alumno estudie lo que quiera, en la escuela o universidad que quiera, pues si no tiene recursos, cuenta con sistemas de financiamiento a fin de que no tenga el pretexto de decir que por falta de dinero no puede estudiar. Tiene entonces la opción de endeudarse, pero salir con formación profesional, o no adquirir deuda, pero tampoco contar con un título universitario. Es un sistema justo, pues el alumno no transfiere sus gastos a terceros pues no recibe educación subsidiada con impuestos. Con un sistema de créditos, el alumno se ve en la necesidad de evaluar si la carrera que elige es lo que quiere, si la institución es la más adecuada y, además, calcula si tendrá un buen futuro con su elección de carrera (Mercado, 2017: 95-96).

Esto suele ser considerado por quienes lo plantean como el «modelo educativo libre», en el cual la tarea educativa la realiza «la sociedad» (Mercado, 2014).

Nada tiene que ver, obviamente, con la propuesta de las «ciudades educadoras», o incluso con la distribución de la responsabilidad educativa en la sociedad, como en algún momento promovieron los socialistas premarxistas, denominados también «utópicos», como Fourier. En esencia, esa «educación social» planteada por los radicales de mercado consiste en que «individuos que aprecian la educación fundan escuelas de todo tipo y viven de lo que pagan los clientes». Esencialmente, la motivación para impulsar escuelas consiste en la búsqueda del lucro (Mercado, 2014). Esto significa que la educación se convierte en un nicho de negocio, y por lo tanto no debe tener ninguna «ventaja» respecto a otros aspectos de la economía.

La «utopía educativa» libertariana, en esencia, consiste en pensar la educación en tanto mercado libre. Consideran que dicho enfoque resultaría de gran beneficio para los estudiantes, al permitir una mayor calidad en el servicio, así como un mejor precio a pagar por parte de las familias, ambos habilitados por la dinámica de competencia impulsada por el mercado libre y las innovaciones que se desarrollan en su seno. McCluskey agrega otros elementos a la imagen paradisíaca esbozada por Mercado:

Si algunos estudiantes pueden aprender a leer en unos pocos meses, quizá con la ayuda de una computadora, pueden pasar a la siguiente materia en lugar de tener que esperar semanas o meses a que otros estudiantes los alcancen. Y todos los estudiantes podrían potencialmente avanzar mucho más rápido hacia la finalización de sus estudios si no estuvieran atados a una escolarización que debe durar seis horas por día, ciento ochenta días al año. Las escuelas podrían ahorrar dinero con clases más grandes, pero con maestros más efectivos, tal vez incluso maestros pagados por suscripciones […]. Tal vez algunas personas decidan que el arte, la economía doméstica o la trigonometría son innecesarias, por no hablar de las salas de estudio que requieren monitores pagados. Y esas son solo posibilidades que podemos imaginar fácilmente; lo realmente bueno de dar rienda suelta a la innovación es que nos resulta difícil prever los cambios que alguien, en algún lugar, puede estar diseñando en su cabeza ahora mismo (McCluskey, 2020).

Para una persona familiarizada con la complejidad de la gestión escolar y de las dinámicas en las aulas de clase, estas propuestas de un ideal educativo en clave de mercado pueden parecer cuando menos inverosímiles y, probablemente, para un número considerable, ridículas. No obstante, el elemento clave radica en la capacidad de la tradición libertariana para que, a la vez que identifica determinados aspectos como supuestos problemas, diseñe las soluciones «a medida», construyendo un camino claro hacia el cual dirigirse.

La utopía que otrora era territorio de las y los revolucionarios, ahora parece ser el lugar de desembarque de las corrientes más reaccionarias del pensamiento económico, que han generado también un conjunto de narrativas que buscan explicar e intervenir en distintos ámbitos de la vida en común, con particular énfasis en la educación. En estas versiones de la «tierra prometida» (McCluskey, 2020) las políticas que amplían la inserción del mercado capitalista en educación, pero mantienen aún una cierta relevancia del sector público, como los *vouchers* y los conciertos educativos, no tienen ya cabida.

Para los libertarianos es en el ámbito educativo donde se expresa mejor la idea de la «fatal arrogancia» enunciada por Friedrich Hayek (2020): la imposibilidad para un conjunto de burócratas de saber qué es lo que otros individuos necesitan. Así, el profesorado y los expertos y expertas que trabajan en el diseño de los currículos, planes de estudio, etc. son en esencia ese «grupo de burócratas» que pretenden saber lo que cada individuo requiere en su proceso formativo. Esta «arrogancia burocrática» implica la negación de dos libertades: la de poder elegir entre múltiples opciones educativas y la libertad de ofrecer al público las propias ideas para mejorar la educación. Esto impide el florecimiento de nuevas ideas y el aprovechamiento del talento individual. Lo que se busca, en definitiva, es la constitución de una educación «estilo Silicon Valley», donde cientos o miles de «emprendedores educativos» generen nuevas opciones escolares que permitan atender la diversidad de demandas educativas. Obviando, claro está, la historia misma de Silicon Valley, un proyecto construido y realizado con muchos miles de millones de ese dinero público que tanto aborrecen los libertarianos.

Conservadurismo reaccionario

El profesor de la Facultad de Derecho de la Universidad de Sevilla en España, Joaquín Urías, encontró pintadas en la puerta de su despacho, en marzo de 2025, con la firma de Juventudes Falangistas (de extrema derecha) y, horas después, un estudiante le increpaba durante un consejo de departamento afirmando que «los rojos fusilados fueron bien fusilados» (se refería a quienes defendieron la democracia republicana española frente a la dictadura fascista de Franco). Este profesor fue intimidado y amenazado por estudiantes falangistas, que no dudaron en atribuirse públicamente la responsabilidad de los hechos. El debate ideológico universitario está pasando así del intercambio de ideas en las aulas a la intimidación, de la mano de la extrema derecha.

A diferencia del libertarianismo, identificar un conjunto de supuestos racionalizados y teorizados que den sustento a lo que plantea el conservadurismo reaccionario en educación, resulta complicado. No obstante, es posible reconstruir algunas de sus bases epistemológicas y políticas a partir de una analítica sobre su desarrollo.

Algunos elementos que dan sentido a sus propuestas en educación derivan de procesos políticos nacionales. En el caso español, durante la dictadura franquista la consigna «¡Una, grande y libre!» reclamaba la condición indivisible de España frente a proyectos o intentos de independencia territorial, así como de descentralización administrativa, que recuperó la democracia posterior. Por otro lado, este grito buscaba reivindicar el pasado imperial de España, que es la base actual del planteamiento de la «Iberosfera» impulsado por el partido VOX.

Otros elementos son producto de una discusión más actual sobre la política y la sociedad, aunque con tendencias conservadoras de larga data. La influencia de autores como Roger Scruton, Friedrich Hayek, Agustín Laje, Thilo Sarrazin u Olavo de Carvalho, referentes todos del conservadurismo social, marcan la agenda del conservadurismo reaccionario. También temas como la crítica a la migración (principalmente musulmana), la lucha contra el marxismo cultural y el feminismo, y la apuesta por una perspectiva ecológica distante de toda reivindicación de justicia social.

Una cualidad en la construcción ideológica de la extrema derecha, que se hace necesario reconocer, es su capacidad para construir referentes culturales comunes a distintas experiencias, a través de palabras clave (ideas-fuerza) que acompañan y justifican la creación de su proyecto político, y que además son comprendidas por el público en general, independientemente de condicionamientos sociales o culturales.

Tanto en el caso de condicionantes históricos como respecto a la reflexión sistemática de intelectuales conservadores y la creación de referentes culturales, lo que opera de fondo es un gran interés por avanzar en un proyecto ideológico, planteado como un conjunto de coordenadas operativas con el fin de generar consensos básicos en la sociedad respecto a la política, la sociedad y la cultura, favorables a posiciones reaccionarias.

El primer paso para ello es calificar como «adoctrinamiento» expresiones políticas y formas epistémicas que no coinciden con la ideología de su programa: propuestas que buscan favorecer el respeto por los derechos humanos y la creación de sociedades más justas, políticas de recepción migratoria, políticas de reconocimiento a la diversidad, educación afectivo-sexual, políticas y narrativas de redistribución de la riqueza, etc.

El segundo paso ha sido construir un potente discurso mediático en el cual dichas propuestas son señaladas como una «gran amenaza» del multiculturalismo a una supuesta comunidad nacional (insistiendo en las políticas identitarias nativistas) y demás tendencias antipatrióticas, inmorales e, incluso, liberticidas.

El programa político del conservadurismo reaccionario es así entendido como un conjunto de principios que tratan de construirse como sentido común. Y en tal apuesta, ha logrado alcanzar un éxito considerable. La intervención de un joven político partidario de Javier Milei, en un foro de la extrema derecha global en Argentina a finales de 2024, afirmaba:

resulta que ser de extrema derecha es decir que solo hay dos géneros, que los hombres no pueden quedar embarazados, que el Estado no puede dar más plata de la que recauda y que la emisión monetaria genera inflación. A mí..., a mí..., más que derecha me parece sentido común (Rodríguez Mora, 2024).

Otro elemento clave en la construcción de ese sentido común ha sido la campaña de desprestigio que ha liderado contra la educación pública. Se la critica por su supuesta inutilidad práctica —a través de la hipótesis del *mismatch*,[21] compartida con el libertarianismo—, y por su papel «ideológico», acusándola de adoctrinar a los menores. Frente a lo cual plantea educar a los estudiantes en la «religión católica tradicional», que no supone adoctrinamiento para este.

Todo esto se envuelve en una retórica patriótica, que va desde la veneración, impuesta, de «símbolos nacionales» (bandera, foto del rey, cruz católica, etc.), hasta el pin parental,[22] acompañado de una práctica de *lawfare* educativo[23] o guerra judicial contra el profesorado de la pública, que no educa según la ideología que el conservadurismo reaccionario considera la adecuada.

Esto está generando una censura educativa que se está extendiendo por diversos países. En Estados Unidos la censura de libros entre 2022 y 2023 en escuelas y bibliotecas ha aumentado un sesenta y cinco por ciento, hasta los 4.240 títulos, según el estudio de la Asociación Estadounidense de Bibliotecas, eliminando novelas clásicas como *El señor de las moscas* o *Matar a un ruiseñor.* En 2021 ya aparecieron leyes en estados, como Texas, Florida y Oklahoma, que restringían el contenido que las escuelas pueden compartir en las aulas en relación con la etnia, el sexo y la clase social.

En Argentina, con Milei, el gobierno y organizaciones conservadoras han emprendido una cruzada para retirar obras de las bibliotecas que, según ellos, sexualizan a los menores. En España, VOX eliminó la sección LGTBI de una biblioteca municipal y censuró libros de educación sexual tildándolos de «pornográficos», y un pueblo de Valencia impidió adquirir películas para la biblioteca juvenil. Esta censura la han llevado a los centros educativos con la memoria histórica, los derechos humanos, la diversidad afectivo-sexual o el lenguaje inclusivo.

Una de las primeras medidas del exmilitar y presidente de Brasil, Bolsonaro, fue combatir la educación en el respeto a la diversidad y contra el *bullying* homofóbico, denominándola «kit gay». Asimismo, difundía *fake news* en las redes en donde aseguraba que se pasaban películas porno gay en las escuelas cuando se formaba en educación contra la LGTBIfobia. La versión brasileña del pin parental español fue «Escuela sin partido», que pretendía «acabar con la prevalencia de ideas de izquierda en las aulas», persiguiendo las ideas del mundialmente reconocido pedagogo Paulo Freire y estimulando a los estudiantes para que grabaran las clases y denunciaran al profesorado, como comentamos anteriormente.

Estas formas de persecución se han convertido en una estrategia de *lawfare* educativo: acoso vía judicial contra los valores democráticos e inclusivos de una escuela pública abierta, libre y plural y contra la libertad de cátedra de los docentes. Pero estas campañas de censura educativa tienen una finalidad añadida que es clave. Sembrar la desconfianza sobre la educación pública. Cuestionar la labor de los profesionales que han accedido a su labor docente por oposición, tras una formación universitaria certificada. Lo cual garantiza la pluralidad de la escuela pública y traslada la diversidad en la que va a convivir el alumnado.

A continuación, planteamos la esfera de propuestas del conservadurismo reaccionario en educación. Articuladas con la herencia libertaria anteriormente analizada, han dado pie a lo que denominamos posteriormente «la gran síntesis» de la nueva extrema derecha en educación.

Conservadurismo social y autoridad

Tanto en los partidos políticos que integran la Conferencia Política de Acción Conservadora (CPAC),[24] liderada por el trumpismo, como entre quienes integran la coalición europea Patriots for Europe,[25] el conservadurismo social es un elemento fundamental. Dichas plataformas políticas consideran que en el seno de la sociedad se han desarrollado tendencias que ponen en riesgo los «valores morales» tradicionales, el orden social establecido y (aunque no siempre lo digan abiertamente) las jerarquías que deben mantenerse. A nivel conceptual, suelen abrazar una cruzada política y retórica contra lo que denominan «marxismo cultural».

La extrema derecha busca impulsar una cultura autoritaria que permita mantener el conservadurismo mediante la imposición de un modelo social basado en el control, la disciplina y el orden social. Elementos que, considera, se han perdido en el sistema educativo, un espacio social clave para lograr la conformación y reproducción de la sociedad que desea.

Su estrategia para ello se basa en la creación artificial de un ambiente de alarma social a través de una narrativa mediática que afirma que las escuelas públicas fomentan la mediocridad académica, el igualitarismo y un clima de conflicto generalizado, atribuyéndolo a la falta de disciplina, autoridad y exigencia. Poco a poco, se instala la noción de que es urgente restaurar un supuesto «orden escolar» del pasado, que se ha perdido, basado en valores tradicionales, que los tiempos modernos han debilitado y es necesario recuperar. Por supuesto, quienes cuestionan este discurso son señalados como cómplices del supuesto deterioro educativo.

De manera similar a como, en contextos de crisis social, se justifica la restricción de derechos y libertades, en este escenario se argumenta que el «caos educativo», el «bajo rendimiento» y los «malos resultados» (expresiones recurrentes en su narrativa) exigen restablecer la autoridad del profesorado (promueven leyes de autoridad que judicializan el ambiente educativo y convierten al profesorado en cuasipolicías), el control, la vigilancia y el castigo (normativas de sanción y punición), como pilares fundamentales de un sistema escolar autoritario.

Propuestas y políticas de esta naturaleza pueden encontrarse en distintos casos. La extrema derecha en Francia quiere recuperar el uso del uniforme obligatorio o quitar subsidios familiares y becas a estudiantes etiquetados como problemáticos, en caso de absentismo y perturbaciones graves y repetidas; así como la reinstauración de los supervisores generales, y el envío del alumnado problemático a reformatorios denominados como «internados de rehabilitación». En Portugal, la extrema derecha propone introducir una política de «tolerancia cero» ante la indisciplina y la violencia en las escuelas, así como «simplificar los procesos burocráticos asociados a las faltas disciplinarias».

Patriotismo e «identidad nacional»

El asunto de la patria es un tema central en la construcción de la agenda política de la extrema derecha. En el *Manifiesto* de la plataforma de Patriots, es posible ver cómo los partidos articulados en ella dicen rechazar la integración europea, acusando a Bruselas de «dictadura globalista». De fondo, ese patriotismo recurre a una supuesta comunidad originaria histórica basada en «raíces judeo-cristianas y grecorromanas», que con el paso del tiempo ha ido desapareciendo debido, entre otras cosas y principalmente, a la migración y al multiculturalismo liberal. Es la teoría de la conspiración denominada «el gran reemplazo»,[26] que denuncian. La construcción discursiva de la patria tiene también una dimensión estética, mediante la construcción de una figura profundamente patriarcal e hipermasculinizada, recuperando la figura paródica del «macho» como referente ancestral de ese modelo, que es capaz de defender la patria «con orgullo y gallardía». En España, VOX impulsa un «Plan integral para el conocimiento, difusión y protección de la identidad nacional y de la aportación de España a la civilización y a la historia universal, con especial atención a las gestas y hazañas de nuestros héroes nacionales».

La reconstrucción de la patria implica también la lucha por proteger y fortalecer la «identidad nacional». La extrema derecha propone que los sistemas educativos tienen que perpetuar la identidad nacional, aislando o disminuyendo la influencia de otras expresiones culturales o nacionales. En la Italia de Georgia Meloni se ha buscado dar nuevos bríos al patriotismo a través de la «marca Italia» desde el sector educativo. En Francia, el partido de Le Pen busca alcanzar la obligatoriedad en todas las clases respecto a un mapa de Francia, con una línea cronológica que «recorra la historia nacional» y promueva la necesidad de «defender la identidad nacional, los valores y las tradiciones de la civilización francesa». En Alemania, el partido Alternative für Deutschland (AfD) busca «defender la cultura alemana dominante, de forma segura y orgullosa». En España, VOX impulsa en el espacio escolar la recuperación de los denominados «valores patrios», que son una herencia de la dictadura franquista y el nacionalcatolicismo.

La construcción de la patria necesita simultáneamente la construcción de un enemigo, un «otro» al que enfrentarse, y en función de quien dotarse de identidad y pertenencia. Ese enemigo común para la extrema derecha es el «alarmante incremento» de la migración, que sufren también los sistemas educativos. En Europa la migración musulmana, en Estados Unidos la migración latinoamericana, y en otros países la de las regiones circundantes. No el extranjero, sino el extranjero pobre. Acogen con los brazos abiertos al príncipe saudí, o al futbolista magrebí o argelino, pero exigen muros, vallas y deportaciones de los migrantes que no sean utilizados como mano de obra barata y sometidos a la explotación permanente. Es «aporofobia patria».

En Francia, la extrema derecha organiza manifestaciones «contra la ofensiva islámica en la escuela». En Tennessee (Estados Unidos), el Partido Republicano ha lanzado un proyecto de ley con el cual las niñas y los niños migrantes sin estatus legal podrían ser excluidos de las escuelas, lo cual les impediría el acceso al derecho a la educación, un derecho humano garantizado a los menores en todos los tratados internacionales. Por su parte, Javier Milei ha planteado el cobro en universidades a migrantes, afirmando: «los malandros, los *okupas* y los oportunistas deben quedarse en sus casas del otro lado de la frontera». Como podemos ver, el discurso antimigrante de la extrema derecha ha resultado exitoso incluso en países cuya historia está fundada en la migración (y en la exclusión y sometimiento de los pueblos originarios).

Este «patriotismo» ha adquirido incluso formas performativas, que conllevan acciones y consecuencias. Muestra de ello son las escuelas y campamentos militarizados, en Brasil y España, respectivamente. Estos campamentos forman «niños soldados» (desde los siete años) con veteranos del ejército y militares profesionales que les dan instrucción militar y les enseñan a disparar con armas simuladas (en Estados Unidos utilizan armas reales). Los campamentos se denominan con nombres de batallas y personajes históricos, supuestamente «heroicos». Por su parte, en Brasil, durante el periodo de Jair Bolsonaro, se agudizó el proceso de militarización de escuelas públicas, en un proyecto con el cual el gobierno brasileño buscaba transferir la «gestión administrativa y pedagógica de 180.000 escuelas de Brasil a las fuerzas militares» (Da Silva, 2021).

Además, la agenda «patriótica» de la extrema derecha tiene características propias en el ámbito de cada país. En España, por ejemplo, se fomenta la tauromaquia en las escuelas (con lo que de exaltación del maltrato animal conlleva), las procesiones religiosas integristas en los colegios (con lo que supone de exaltación del nacionalcatolicismo, herencia de la dictadura), los desfiles de menores vestidos de militares y portando armas (con lo que de militarismo conlleva), etc. En Estados Unidos asistimos al aumento de símbolos supremacistas blancos, como banderas confederadas (con lo que de racismo supone). En Hungría, el grupo político Fidesz, de extrema derecha, impulsa materiales educativos con una retórica claramente nacionalista.

Integrismo religioso

La extrema derecha aboga por volver a introducir una educación religiosa profundamente integrista. En los países de órbita católica recupera las tradiciones más conservadoras de esta religión, con la intención de adoctrinar explícitamente a los jóvenes en las escuelas en esta ideología, pues afirma que es parte de la cultura y la tradición que «han hecho grandes a esas naciones». Además, conlleva la vuelta a una cosmovisión donde lo social y lo civil deben estar de nuevo subordinados al orden superior religioso. Mientras que en los países de Latinoamérica, en los que ha penetrado el cristianismo evangélico (pentecostales, bautistas, etc.), la extrema derecha ha vinculado el poder con el integrismo religioso, pero al servicio del capitalismo y los intereses de Estados Unidos. De todas formas, todos consideran que «Dios está de su parte». En Chipre, el partido de extrema derecha ELAM exige que la religión cristiana ortodoxa griega sea obligatoria en las escuelas donde se habla griego, para «respetar la identidad ortodoxa».

Independientemente de las diferencias, significativas, entre las diversas regiones, la extrema derecha mantiene un elemento común: la primacía religiosa en tanto que vehículo de construcción de una comunidad, mediada por valores conservadores. Frente a esta construcción de «sentido comunitario», basado en elementos integristas religiosos y tradicionalistas conservadores, se alzan «nuevos enemigos» de la integridad: el *wokismo,* la educación afectivo-sexual, la politización de la educación, la visión crítica de la historia y la educación «inclusiva».

Es más, en países como España la jerarquía católica, una de la más integristas de toda Europa, ha logrado imponer la exigencia, a través de un acuerdo del final de la dictadura con un Estado extranjero (el Vaticano), para que todo centro público deba impartir contenidos doctrinales de su religión en todas las etapas escolares e incluso en la universidad, a pesar de estar consagrada la aconfesionalidad del país en la propia Constitución española. En otros países, como México, a pesar de que la jerarquía católica actualmente no tiene tanto poder e influencia como en España en las políticas educativas, trata de expandir su influencia sobre la educación desde su posición periférica, pero apoyada por la extrema derecha, mediante, por ejemplo, campañas de activismo social y mediático contra contenidos que considera «polémicos» en los materiales educativos porque no están de acuerdo con su ideología o acusa de politización de la educación a los docentes que abordan contenidos críticos en las aulas.

Memoricidio y tergiversación de la historia

Otro de los elementos que define el conservadurismo reaccionario de la extrema derecha es su pretensión de ocultar, invisibilizar o tergiversar el pasado que lo señala como heredero de una tradición fascista, esclavista o patriarcal, que ha provocado tanta devastación humana a lo largo de la historia. Esto es particularmente significativo en el contexto español. Este «memoricidio» sistemático, que quiere que se olviden las raíces de la barbarie y no se aborde en la escuela la memoria histórica democrática, se enfrenta constantemente al «deber de la memoria» plasmado tanto en el derecho internacional como en los derechos humanos. La tergiversación de la historia, así, se ha convertido en un punto nodal de acción política por parte de la extrema derecha.

Para ello ha desarrollado dos estrategias que se van superponiendo, en función de la situación coyuntural y la agenda mediática que le sea más favorable: la primera es el negacionismo. En España, los conservadores reaccionarios son negacionistas del franquismo como una dictadura y afirman que «este periodo histórico trajo prosperidad»;

también niegan el genocidio de la conquista de América Latina, descalificándolo como «leyenda negra». En Brasil y Argentina son negacionistas de las torturas y desapariciones de las dictaduras, elogiando incluso en algunos casos los regímenes militares. De hecho, en tiempos del presidente de extrema derecha Bolsonaro, en las escuelas militarizadas de Brasil no se podía hablar del «golpe de Estado» de 1964, con el cual se instauró la dictadura militar, sino que se tenía que hablar de la «Revolución de 1964». En Chile, la extrema derecha ha defendido el golpe de Estado contra Salvador Allende calificándolo como «necesario» y minimizado las violaciones a los derechos humanos de la dictadura pinochetista.

La segunda estrategia es la reivindicación del «orgullo de ser herederos de la tradición fascista». VOX afirmaba con rotundidad en el Parlamento Europeo que no tenía sentido condenar la dictadura franquista española, «puesto que somos herederos y la historia es la que es». Argumentando que «depende de la opinión personal de cada cual, pero no se pueden coger cuarenta años de historia de España y meterlos en un cubo de basura». Por eso se opone a que se aplique la Ley de Memoria Democrática en educación, que obliga a incluir en los contenidos curriculares el conocimiento de la represión franquista y la resistencia antifascista en España, porque se trata, según la extrema derecha, de un «atentado contra la libertad política, de pensamiento y de cátedra», así como un instrumento para «dividir» a los españoles. Afirmando que el objetivo de esta ley es «imponer» una visión parcial de la historia y sancionar «a quienes no suscriban la visión del gobierno», dividiendo a los ciudadanos entre «buenos y malos». Por eso concluye que la Ley de Memoria Democrática en España «promueve la división y el odio entre los españoles» (Carvajal, 2019).

El activismo memoricida de los partidos de extrema derecha ha logrado que una buena parte de dichos discursos calen en los estudiantes, quienes, en el caso español, saben más del nazismo que del franquismo, puesto que en las aulas escolares no se suele llegar a este tema o «se pasa de puntillas» por encima de esos contenidos (Díez Gutiérrez, 2020).

La cruzada contra el *wokismo,* o el espectro del «marxismo cultural»

La extrema derecha, bajo el liderazgo del trumpismo, ha recuperado el discurso conspiranoico contra el «marxismo cultural», introducido por la *Alt-Right* estadounidense, y lo ha difundido a nivel global. Es la guinda del pastel del conservadurismo reaccionario. Noción que es producto de un conjunto de «confusiones conceptuales», impulsadas por la necesidad de construir así un «hombre de paja» mediante el cual pueda resultar sencillo atacar a las izquierdas en el debate público.

En esencia, considera que el «marxismo cultural» (que a veces confunde con posmarxismo) representa el remanente cultural del comunismo una vez que desapareció la Unión Soviética. Para la extrema derecha, ante una propuesta política derrotada, los marxistas optaron por situarse en el plano de la cultura, la academia, las artes y los medios públicos, desde donde iniciaron otra apuesta revolucionaria, una «inversión» de lo que considera que era el esquema original de la revolución en Marx: de lo material a lo cultural. Es decir, pasaron a desarrollar la revolución en la cultura para posteriormente transformar las relaciones materiales.

Los principales difusores de esta noción suelen acudir a autores de la tradición marxista como Antonio Gramsci, distintos integrantes de la Escuela de Frankfurt, o incluso al argentino Ernesto Laclau (Laje y Márquez, 2016; Laje, 2024), en quienes supuestamente se encuentra este germen de «disputa cultural». A dichos autores se suman otros y otras más, generalmente teóricos y pensadores de la historia o el feminismo, como Simone de Beauvoir o Michel Foucault. Los materiales producidos por intelectuales de la extrema derecha en este punto han resultado de gran alcance, y actualmente son influyentes en sectores de lo que se suele denominar «hombres que se sienten agraviados» por el avance de las mujeres en la política y la diversidad sexual.

A este «marxismo cultural» se le asocia con una supuesta «ideología de género», que busca subvertir el orden natural de las relaciones sexogenéricas, y con ello, desde esa perspectiva, fragmentar la familia y romper así las bases de la civilización occidental. La narrativa común a las extremas derechas a nivel global es su posicionamiento en contra de los avances en la igualdad entre hombres y mujeres, donde enmarcan desde los ataques a derechos, como el de la interrupción voluntaria del embarazo, hasta a leyes contra la violencia de género, pero todos van contra conquistas cruciales del movimiento feminista.

A la unión —arbitraria— de dichas nociones por parte de la extrema derecha, marxismo cultural e ideología de género, es a lo que en primera instancia han denominado *wokismo*. Un término que, por cierto, conlleva un debate sumamente profundo en el seno de las izquierdas y el pensamiento progresista, con posturas que muchas veces son sumamente críticas hacia él.

No obstante, es necesario decir que la noción «marxismo cultural» es, al igual que «ideología de género», un concepto creado por la extrema derecha para facilitar una crítica superficial a distintas propuestas analíticas del mundo que buscan la emancipación y la justicia social. Tanto al interior de la tradición marxista, como de la tradición feminista, existe una multiplicidad de posiciones, abordajes teóricos, perspectivas metodológicas, e incluso debates internos, que desbordan, y por mucho, ambas formulaciones tan vagas como intelectualmente deshonestas. Sin embargo, precisamente dicha vaguedad les ha permitido posicionarse en el centro de un debate público sumamente desinformado, y ahora acosado permanentemente por campañas de noticias falsas y desinformación promovidas, organizadas y financiadas por los mismos grupos extremistas del espectro conservador reaccionario. Así, han logrado incluir en un mismo concepto no únicamente posiciones teóricas sino también proyectos políticos heterogéneos, y han intentado condenar de un plumazo a todos por igual.

Para ellos, el llamado «marxismo cultural» representa un peligro porque cuestiona las bases del conservadurismo reaccionario: busca cambiar una sociedad injusta en función de criterios de justicia y equidad social, en los cuales las mujeres y hombres gocen de oportunidades y posibilidades de desarrollo igualitarias, que les permitan una vida en libertad (lo cual resulta problemático para el conservadurismo); asimismo, plantea la creación de esquemas internacionales de solidaridad de los sectores oprimidos (que impugna el fortalecimiento de las plataformas nativistas y ultra nacionalistas de la extrema derecha); y busca, además, politizar la memoria y recuperar la historia, como un camino de la comprensión del presente y la proyección de un futuro mejor (algo que cuestiona el borrado de la memoria que pretende la extrema derecha).

En suma, la difusión de las nociones «marxismo cultural» e «ideología de género» representa la manufactura de enemigos contra los cuales combatir desde posiciones reaccionarias, aunque, en realidad, al luchar contra ellos en aras de «defender la civilización occidental», la extrema derecha lucha contra la igualdad, la memoria, la solidaridad, la justicia y la democracia.

En algunos lugares las intervenciones de dichos grupos rayan en lo inaudito. En España, un diputado de VOX afirmaba que «el problema es que en España hemos pasado de un extremo a otro. De pegar palizas a los homosexuales a que ahora esos colectivos impongan su ley» (Méndez, 2020). Por su parte, el cruzado *antiwoke* de la extrema derecha más famoso, Jordan Peterson, afirma que las feministas tienen «un deseo inconsciente por una brutal dominación masculina» (Zgustova, 2019).

Probablemente no existe un lugar donde dicha cruzada contra el *wokismo* resulte tan clara como en el ámbito de la educación. Esto puede verse alrededor del mundo: grupos como Frente Nacional por la Familia y Con Mis Hijos No Te Metas han impulsado campañas en México y Argentina contra la educación sexual en escuelas, acusándola de «corromper a la niñez». La Ley Nacional 26.150, que establece la obligación en todas las escuelas de Argentina de realizar un Programa Integral de Educación Sexual (ESI), establecida por ley en 2006, ha sido blanco de campañas que la vinculan con «adoctrinamiento ideológico». Se promueven recursos para que las familias puedan evitar que sus hijos tengan formación sobre diversidad. En España, VOX y grupos ultracatólicos han impulsado una cruzada contra contenidos feministas y LGTBI en las aulas, tildándolos de «ideología de género», y cuando gobiernan exigen retirar materiales y libros con personajes LGTBI de las bibliotecas escolares.

En Estados Unidos el término *woke* ha sido instrumentalizado para atacar programas sobre equidad racial, género y justicia social. El gobernador de Florida Ron DeSantis impulsó leyes y normativas para prohibir enseñar TCR y censurar libros sobre racismo y diversidad con el fin de limitar lo que considera «adoctrinamiento». Estas leyes conocidas como *Don't Say Gay* (No digas gay) o *Stop Woke Act* (Contra el despertar), aprobadas en 2022, prohíben hablar de orientación sexual a los niños y niñas de tres años y destierran de la educación pública las teorías críticas. El personal docente que no cumpla con la ley podría recibir una multa de hasta cinco mil dólares o prisión de hasta cinco años. DeSantis quiere establecer que sean las familias quienes decidan cómo hay que educar a sus hijos, en la aplicación estadounidense del pin parental de VOX en España.

La cruzada contra el *wokismo* en la educación sigue un patrón global: a) critica la introducción de contenidos sobre igualdad, racismo y justicia social, b) establece normativas y presión política que censuran o dificultan su introducción en las aulas, y c) moviliza grupos de extrema derecha para vigilar escuelas y universidades.

Racismo

El racismo y el nativismo son pilares ideológicos de la extrema derecha, que los instrumentaliza para construir narrativas de identidad nacional excluyente. El nativismo y los prejuicios de superioridad racial constituyen elementos nodales en el fascismo, y son también cuestiones presentes, aunque de distintas formas, y en ocasiones más veladas, de otras expresiones de extrema derecha. Por ejemplo, el partido de extrema derecha AfD rescató en 2016 el término *Völkisch* (con connotaciones raciales étnico-nacionales), vinculado al nazismo, para definir su idea de una Alemania «cultural y racialmente homogénea».

Aunque con matices, según el contexto, estos elementos aparecen en discursos políticos, reformas educativas y políticas migratorias. El AfD propuso en Brandeburgo establecer un «tope migratorio» en las escuelas o que los «niños extranjeros» reciban clases separadas. El partido Rassemblement National (RN) de Marine Le Pen ha popularizado la teoría conspirativa del «gran reemplazo», aplicándola al sistema educativo, y proponiendo prohibir el uso del árabe y otras lenguas de migrantes en las escuelas. Teoría conspirativa compartida por Francesco Lollobrigida, ministro italiano de extrema derecha, quien afirmó que «los italianos están teniendo menos hijos, están siendo reemplazados», en un discurso en abril de 2023; «Sí a apoyar más nacimientos, no al reemplazo étnico» (Verdú, 2023), agregó el gran aliado y cuñado de la primera ministra italiana de extrema derecha Giorgia Meloni.

En Estados Unidos, la extrema derecha, liderada por Trump, ha explotado la misma narrativa del «reemplazo étnico» para movilizar a su base, apoyando leyes en Texas y Florida que han prohibido enseñar la «teoría crítica de la raza», tachándola de «antiblanca». Se han retirado autobiografías, como las del abolicionista Frederick Douglass, de la lista de lecturas recomendadas en el sistema educativo de Oklahoma, y otros estados han aprobado medidas que restringen la forma en la que las escuelas hablan del racismo.

Milei cerró el Instituto Argentino contra la Discriminación, la Xenofobia y el Racismo (INADI), puesto que, según aseguró, «no sirve para nada». Las escuelas militares bolsonaristas prohibieron debates sobre el racismo. El propio Jair Bolsonaro negó el racismo estructural en Brasil, retirando el término «racismo» de materiales educativos, reemplazándolo por «discriminación», puesto que afirma que «el racismo es algo raro en Brasil». Visión que es compartida por buena parte de la extrema derecha de la región latinoamericana.

Es más, para las plataformas de extrema derecha las formas de conocimiento no occidentales resultan significativamente menos relevantes que el conocimiento y epistemología occidental, lo cual refleja una visión profundamente neocolonial y eurocéntrica que siguen asumiendo como parte de su concepción del mundo. El problema no es únicamente el conocimiento, sino también la propia enseñanza de la historia y los criterios conceptuales y metodológicos para comprender el mundo actual. Probablemente es en Estados Unidos donde este debate ha tomado una mayor fuerza a raíz de la polémica en torno a la denominada «teoría crítica de la raza».

El racismo que promueve la extrema derecha opera, al igual que las anteriores estrategias, con las mismas claves: a) utilizar una retórica nativista (por ejemplo, el «gran reemplazo»); b) a continuación, desarrollar normativas de censura educativa (borrado del racismo histórico); y, finalmente, c) establecer medidas excluyentes (en currículos, formas de segregación, etc.).

Ecofascismo

Finalmente, aunque mucho menos visible, otro componente del conservadurismo reaccionario es el ecofascismo. Una especie de «patriotismo verde», que busca la «solución» al problema medioambiental mediante el control de la población, garantizando a los más ricos su ritmo de vida y el disfrute de los privilegios que han tenido hasta ahora. Aunque no es un elemento todavía demasiado articulado en todas las extremas derechas, pero sí su rechazo a lo que califican muchas veces de propaganda y «religión climática» o «fanatismo climático» del movimiento ecologista.

Tradicionalmente negacionistas de la crisis climática, una parte de la extrema derecha está cambiando este discurso clásico hacia retóricas en «defensa del medio ambiente». Pero se trata de una defensa de políticas verdes identitarias, excluyentes y proteccionistas. Por ejemplo, Jordan Bardella, del partido de extrema derecha francés RN, hace campañas en el campo con agricultores «por otra política verde», al igual que el Movimiento Campesino-Ciudadano en Países Bajos, también de extrema derecha. Ambos comparten el rechazo al impacto de las políticas ambientales en la economía más que al cambio climático. Le Pen, la líder de RN, se declaraba en 2022 animalista y ecologista, pero criticando el «activismo verde», igual que VOX en España (Rodríguez-Rata, 2024).

Esta narrativa de la extrema derecha, vinculando la crisis ecológica a la «sobrepoblación» migrante y rechazando políticas climáticas globales de la agenda 2030 como «marxismo verde» o el «nuevo marxismo cultural», pretende llevar esta ideología a las aulas. En Cantabria (España), VOX se opuso a una iniciativa para promover programas y materiales didácticos de educación ambiental en las aulas. En Argentina, bajo la presidencia de Javier Milei —un negacionista del cambio climático que rechaza las políticas contra la deforestación—, se ha estancado la aplicación de la conocida como «Ley Yolanda» de formación ambiental. En Texas, la junta estatal de educación, controlada por los republicanos, rechazó libros de texto de ciencias por tener contenidos sobre el cambio climático.

A pesar de ser un tema que aún no ha penetrado mucho en el ámbito educativo consideramos que es un eje clave y primordial que debemos plantear, puesto que el cambio climático está suponiendo una transformación radical en la capacidad de pervivencia del planeta y de la especie que debemos afrontar, más pronto que tarde, pues en ello nos va el futuro del ecosistema.

LA GRAN SÍNTESIS: LA GUERRA TOTAL EN EDUCACIÓN

Puede parecer exagerado, pero si vemos el panorama global del avance de la extrema derecha en educación, es posible entender que nos encontramos frente a un claro y profundo proceso de radicalización que, aunque ha sido combatido por docentes, comunidades educativas y universitarios, sigue vigente.

Hasta hace poco estos grupos solían recuperar políticas y concepciones neoliberales de mercado y privatización que se presentaban como una respuesta técnica, a menudo científica, para resolver los problemas generados por la supuesta ineficiencia gubernamental. Sin embargo, ahora hay un giro radical porque esa concepción de mercado en educación ha devenido en ontología. Es decir, el neoliberalismo no es ahora la solución a los problemas, sino que es preciso cambiar el sistema educativo hacia un patrón de funcionamiento acorde a la «naturaleza misma de la sociedad», que para la extrema derecha es la del mercado capitalista.

Por otro lado, aunque en el pasado habíamos visto cómo proponían políticas conservadoras y neoliberales en el ámbito educativo, ahora impulsan políticas abiertamente xenófobas, racistas, nativistas, segregadoras, «patriotas», de censura y control. Han recuperado un discurso de confrontación abierta y beligerante contra el «marxismo cultural» que, según ellos, ha invadido la educación.

Estas propuestas han abierto incluso una «ventana de Overton»[27] a nivel social y cultural. Es decir, han conseguido posicionar en el debate público o incluso en el sentido común de la gente, haciendo lo que podríamos denominar «pedagogía pública»,[28] ciertas ideas y principios reaccionarios previamente impensables, como por ejemplo la normalización de la detención de migrantes en CIES en España, calificados por Amnistía Internacional como «pequeños guantánamos» (algo que antes era considerado inhumano) o acostumbrarnos a que haya presos sin cargos de forma indefinida en la cárcel norteamericana de Guantánamo o la impasibilidad ante la desaparición de quienes son calificados de «enemigos» por los gobiernos estadounidense, israelí y otros tantos, que incluso se ha justificado públicamente. Han convertido en algo trivial y asumido en el imaginario colectivo que Europa financie «campos de detención» de personas migrantes en Libia, Marruecos o Turquía, donde algunas ONG han documentado torturas, para de esta forma no ser acusados de incumplir derechos humanos puesto que están fuera de sus fronteras. La ventana de Overton es muy clara: a) deshumanización (no son refugiados, son invasores, asegura la extrema derecha), b) falsa moderación (no somos racistas, solo queremos orden) y c) normalización (la UE externaliza la gestión de sus fronteras como «gestión migratoria»).

Esto mismo se aplica a la educación: a) se siembra el «pánico moral» («nuestros hijos e hijas están siendo adoctrinados»), b) se argumenta la falsa moderación («solo queremos neutralidad educativa») y c) se apoyan e impulsan normativas represivas (prohibiciones, sanciones y expulsiones como medidas, con el apoyo social, pidiendo más «mano dura» en la educación).

Si nos dejamos amedrentar por esta política de confrontación y guerra cultural donde la narrativa se ha convertido en campo de batalla constante, no solo en la escuela sino en espacios públicos y medios de comunicación que crean estados de ánimo que presionan al sistema educativo, sufriremos derrotas que pagarán nuestros hijos e hijas. Debemos hacerles frente de forma estratégica y organizada. Con razones, argumentos, posiciones, unidad y consenso, pero especialmente radicalizando nuestro discurso y nuestro compromiso democrático, y nuestra coherencia con nuestro propio ejemplo.

Esta es la finalidad de esta segunda parte, más extensa y pormenorizada que la primera, puesto que se trata de reflexionar y plantear estrategias que nos ayuden en una educación antifascista. De forma clara y transparente. Sin medias tintas. No solo porque nos jugamos el futuro de nuestros hijos e hijas, sino porque nos jugamos el futuro de la sociedad y de una democracia radical basada en la justicia social y el bien común. No se trata de confrontar con la extrema derecha en sus términos, con sus esquemas, sino de disputar ese «sentido común» que intentan colonizar y sembrar de antivalores, de prejuicios, de rabia y frustración, de rencor y odio.

Frente a su odio, nuestra esperanza. Frente a su rencor, nuestra alegría. Frente a su frustración, nuestra ilusión. Frente a su rabia, nuestra empatía. Frente a sus prejuicios, nuestro respeto. Frente a sus antivalores, nuestros valores consagrados por los derechos humanos y que debemos llevar aún más allá, hacia un mundo en el que sea posible soñar otro mundo posible.

I
No es un sueño lejano,
es la semilla bajo el asfalto,
el sol que rompe el alba
en los barrios olvidados.

Aquí, donde los nadies
tejen sus nombres con hilos de dignidad,
la esperanza no es una mentira verde,
sino el pan compartido en la mesa del vecino.

II
Imaginen:
—escuelas con risas, no con rejas—
hospitales que abrazan, no facturan,
tierras que son de quien las sueña y las trabaja,
no de los que las cercan con alambres y deudas.

III
Dicen que es imposible,
pero allá va la gente,
con los pies en el barro y los ojos en el horizonte,
construyendo utopías con ladrillos de sudor.

IV
La justicia no será una estatua ciega,
sino un árbol de raíces profundas:
sus frutos, para todas, para todos.
El bien común no cabrá en los bancos,
sino en las manos abiertas de la plaza.

V
Somos los hijos e hijas de la lucha,
los que creemos que la ternura es revolucionaria,
somos los versos de Benedetti,
los que nombran el dolor para sanarlo.

VI
Otro mundo late aquí,
en la garganta del que canta,
en el puño del que lucha,
en el beso de quien no se rinde.

Segunda parte
Estrategias para una educación antifascista

La educación siempre ha sido un terreno en disputa y un terreno de disputa. Un espacio de disputa ideológica y política puesto que, a través de él, se conforman los imaginarios colectivos y los marcos mentales narrativos y explicativos de las sociedades y de las personas que las habitan. Y un espacio en el que la disputa ideológica y política se da en cada decisión que se toma respecto a cómo abordar el currículo, la organización escolar o las políticas educativas, puesto que esas decisiones definen cómo se concreta el modelo de educación que conformará la praxis concreta en el terreno educativo y el modelo de sociedad que se pretende con esa educación.

Pablo Freire afirmaba que la educación es política. Porque toda forma de mirar al mundo de forma colectiva y compartida es un abordaje político. Supone un posicionamiento sobre qué valores, qué principios, qué prioridades van a marcar la comprensión del mundo, de lo común, de lo que nos atañe a la comunidad, de la *res publica*.

Por lo que adentrase en el terreno educativo es adentrarse en lo político. En la preocupación por el bien común, por el destino de la humanidad y la preocupación por el futuro de las siguientes generaciones.

Esta preocupación se puede hacer desde dos enfoques fundamentalmente. Desde una pedagogía del egoísmo que exalta el logro individual, el interés personal, el talento particular, la búsqueda del beneficio propio y la ventaja en la relación con el otro; o una pedagogía del bien común que promueve el apoyo mutuo altruista, la solidaridad entre diferentes, la inclusión de la diversidad y la cooperación en igualdad y justicia en la relación con el otro y la otra. Hay que optar entre estas dos visiones tan radicalmente diferentes. No hay neutralidad posible. Hemos de elegir. Porque la neutralidad solo sirve para encubrir la justificación del *statu quo* del poder y la desigualdad, al no hacer nada o mirar para otra parte. Como decía Martin Luther King: tendremos que arrepentirnos en esta generación no solo de las perversidades de las malas personas, sino del silencio de tanta gente «buena» que miró para otra parte ante esas atrocidades, como ha pasado ante el genocidio palestino ante el que nuestros hijos e hijas nos preguntarán: ¿cómo fue posible que lo permitieran?

Actualmente, estamos ante una grave disyuntiva. Hoy, dos proyectos ideológicos sociales y políticos avanzan en todo el mundo. Estos dos proyectos encarnan dos formas radicalmente diferentes de entender el ser humano, las relaciones económico-sociales y la educación. El primero, asienta sus raíces en un modelo económico y social capitalista, fundamentado por la ideología libertaria y el conservadurismo reaccionario de la extrema derecha. El segundo, asienta sus raíces en un modelo económico y social basado en el bien común, la solidaridad, los derechos humanos y la ecología ético-crítica, que se fundamenta inevitablemente desde un enfoque anticapitalista, antifascista, antineoliberal, democrático, decrecentista y feminista.

Por eso, ahora más que nunca, es necesario articular un amplio espacio de confluencia en la defensa de una educación antifascista inclusiva y democrática al servicio del bien común. Pero, en esencia, ¿qué es? Antifascismo no es una práctica específica contra plataformas extremistas, ni es «votar» a partidos que no son de extrema derecha para mantener un cordón sanitario frente a ella. La educación antifascista parte de la concepción de las raíces capitalistas del fascismo histórico y sus correlatos-herencias actuales. Y es, por tanto, anticapitalista y antineoliberal. Los elementos que a continuación proponemos mencionan algunas líneas de trabajo que consideramos fundamentales para dicho propósito.

Proponemos así un esquema de intervención en tres ámbitos o niveles, como se puede ver en la Ilustración 1: currículo, organización educativa y política educativa. Estas tres dimensiones conforman la estructura esencial a través de la cual se desarrolla la vida educativa en las escuelas.

Ilustración 1.
Ámbitos estratégicos para una educación antifascista.

No obstante, consideramos que la educación antifascista no se requiere solo en temporadas de alto voltaje de la extrema derecha. Debe ser una constante preventiva que transversalice toda la educación, puesto que el germen del fascismo es perenne mientras no superemos el capitalismo que lo acarrea en su seno. Y, además, debe ser el horizonte hacia el cual caminar, puesto que hoy por hoy, como dice la frase atribuida al filósofo y teórico marxista Fredric Jameson, parece que «es más fácil imaginar el fin del mundo que el fin del capitalismo».

Somos conscientes de que muchas de las propuestas que planteamos a continuación están más enfocadas a la educación no universitaria. No obstante, todas ellas se pueden recuperar en el ámbito universitario, si hay voluntad para ello. Dado que la educación superior, al menos en América Latina y España, es fundamentalmente educación. Es decir, que la investigación apoya y mejora la educación universitaria, pero la finalidad esencial es la docente. En este sentido, ojalá seamos capaces de luchar los docentes y los estudiantes de las universidades para que estas apoyen, faciliten, den recursos y medios para que se puedan llevar a cabo estas propuestas también en la educación superior.

Por un currículo orientado al bien común y la justicia social

Una enseñanza muy importante de la pedagogía con mirada crítica es el hecho de que el «conocimiento oficial» (Apple, 2004), con el que se trabaja en las escuelas, es producto de una decisión política. Es una selección específica de entre todos los saberes y conocimientos acumulados por la humanidad, tomada de entre un universo de posibilidades, a partir de la cual un conjunto de actores específicos decide cuáles van a ser los principios, los valores, los contenidos que, en nombre de la sociedad, considera valiosos para «transmitirlos» a las siguientes generaciones.

Así, una decisión particular se convierte en una categoría universal y establece la base formal de conocimientos sobre la cual se busca continuar avanzando en la creación de ideas, referencias, soluciones y problemáticas para el futuro. De esto se desprende que, en gran medida, las funciones tanto de reproducción como de transformación, así como la micropolítica de resistencia en educación, se sitúen en el marco curricular.

Las funciones de reproducción, resistencia y transformación conforman una unidad en permanente conflicto, gracias a la vida misma del espacio escolar, del entorno social que le envuelve y de la política que lo condiciona. Y terminan por conducir y enmarcar el margen de lo posible, lo aceptable y lo deseable. Ahora bien, pese a que la vida político-educativa está en permanente movimiento, las dinámicas de poder han hecho que la función de reproducción y conservación estén tan asumidas y «normalizadas» que sea infrecuente su cuestionamiento. El currículo establecido se toma como algo «dado», como aquello a partir de lo cual hay que avanzar siguiendo en la misma lógica, pero sin discutir las bases sobre las cuales está construido. Y por ello, la dinámica curricular habitual suele apuntar hacia una lógica conservadora de reproducción.

En contraste, la función de transformación a partir de la práctica curricular pocas veces se toma en consideración, salvo en coyunturas políticas específicas que tienen que ver más con retóricas de cambio que con cambios sustanciales. El currículo, en sociedades capitalistas, está asociado de forma «natural» con los requerimientos obje-

tivos (fuerza de trabajo) y subjetivos (disposiciones sociales) de la reproducción del capital. El currículo y su asociación con el orden actual de las cosas —y, por ende, con
el abanico de injusticias y desigualdades imperantes—,
puede aparecer entonces «como el agua para el pez». Nos
movemos con él, a partir de él, o incluso a través de él,
pero sin ser conscientes de que es una cosmovisión en la
que se enmarca toda nuestra praxis y la propia epistemología de nuestro conocimiento.

Lo que proponemos en este apartado consiste, esencialmente, en movernos a pesar de él, aunque no en todos
los casos será posible modificar el currículo porque no
depende solo y exclusivamente del profesorado y las comunidades educativas. Sin embargo, consideramos posible
y necesario impulsar el proceso de creación de conciencia
crítica, de resistencia y de futuro, de forma colectiva y
compartida, en el espacio escolar, que nos permita ir más
allá del conocimiento dado.

Con ello pretendemos mantener una distancia epistemológica, política y práctica que nos facilite, en nuestro
trabajo cotidiano en las aulas y en los centros educativos,
responder a las necesidades concretas de las mayorías
sociales, la justicia social, la democracia, el bien común y
la preservación del planeta. En síntesis: avanzar en un
currículo crítico que cuestione el conocimiento establecido; un currículo laico, feminista e intercultural que supere el conservadurismo tradicional; que ilumine el presente desde el deber de la memoria democrática (que ponga
en tela de juicio la política del olvido); que forme para
una ciudadanía crítica y para la vida; un currículo que
desmonte y enfrente la narrativa de la extrema derecha.

Habitualmente, solemos asegurar que los conocimientos que se abordan en las aulas son «neutrales», algo que

se revela como epistemológicamente imposible. Todos ellos se enmarcan y están en sintonía con el sistema social imperante: el capitalismo. «La escuela contribuye a "civilizar", inculcando en la población un *habitus* determinado: el *habitus* capitalista» (Tenti Fanfani, 2003). Por eso es necesario cuestionar esa falsa neutralidad y «desarrollar un currículum cuyos contenidos desvelen los auténticos mecanismos económicos, sociales, políticos e ideológicos del poder» (Cascante, 1997: 34).

Ante ello, resulta entonces importante apostar por «repolitizar» el currículo desde una perspectiva crítica. Y el primer paso es replantear dicho currículo desde una mirada basada en los derechos humanos, el bien común y la justicia social. Para lo cual proponemos las tres estrategias de intervención educativa que desarrollamos a continuación.

Romper el adoctrinamiento: por un currículo crítico

Construir una educación antifascista requiere empezar por cuestionar y discutir los supuestos del conocimiento establecido o de la información que nos presentan para comprender el mundo en su contexto. No únicamente desde la lógica establecida, sino incorporando visiones desde lógicas subalternas y periféricas al conocimiento oficial, que no han sido tenidas en cuenta o que han sido deliberadamente ocultadas. No es lo mismo analizar los hechos ocurridos en Europa en 1492 desde la lógica del «descubrimiento» de América o de la «conquista» e «invasión» de América. No es lo mismo investigar la evolución de las especies desde la lógica de la selección natural y la competencia feroz entre individuos en la que «sobrevive el más apto», que fue promovida por Spencer y el darwinismo social, a partir de *El origen de las especies* de Charles Darwin, que desde la lógica del apoyo mutuo, la cooperación y el compartir recursos, que son el fundamento de la evolución como especie del ser humano, como han demostrado filósofos como Piotr Kropotkin o biólogas tan prestigiosas como Lynn Margulis.

Entendemos por currículo crítico aquella práctica epistemológica que discute y produce conocimiento en el espacio educativo mediante una lógica sistemática de identificación, reconocimiento y debate de las múltiples contradicciones que conlleva el acercamiento a todo saber. La crítica, en esencia, se fundamenta en la identificación de las contradicciones presentes en los discursos y narrativas que están en el conocimiento académico. Y, como bien sabe el conocimiento popular, nada humano (y nada social) se exime de llevar contradicciones en su seno. Contradictorio es el capitalismo, contradictorio es el sistema sexogenérico patriarcal, contradictoria es la interpretación histórica de cualquier acontecimiento. Nuestro propio discurso implica contradicciones. Identificarlas, comprenderlas y discutirlas es parte, entonces, de la creación de un currículo crítico, cuyas contradicciones también habrán de ser identificadas, analizadas y, en caso necesario, superadas con la praxis educativa cotidiana.

En este sentido, un currículo que fomente el pensamiento crítico tiene que desvelar los mecanismos ocultos del poder que mantienen las desigualdades, las injusticias, etc. De ahí que tengamos que ofrecer herramientas a nuestro alumnado para que pueda identificar las contradicciones, deconstruir y hacer frente a los discursos de odio, racismo, clasismo, machismo, individualismo, consumismo y muchos más «ismos». Si para la extrema derecha lo importante es el «panfleto», y la reproducción de «mantras ideológicos», para nosotros lo es el ejercicio de la crítica, con todas las implicaciones que ello pueda tener. Un currículo crítico en este sentido resulta fundamental, tanto para mejorar el proceso formativo de las y los estudiantes, como para superar tendencias nocivas de desinformación y generalización de bulos.

Planteado de esta forma, podría parecer que adoptamos una perspectiva de «solucionismo educativo», es decir, que planteamos que la escuela tiene la capacidad para resolver los problemas del mundo. No es así. Nosotros concebimos la escuela como un espacio más de las múltiples instancias formativas, y, además, a veces, en constante disputa con ellas. Sin embargo, somos conscientes de que la escuela es el único espacio institucional de educación por el que las personas suelen pasar al menos diez años (sobre todo en el Norte global) y, para una buena parte de la población, la mejor —o única— oportunidad para entrar en contacto directo con el conocimiento académico y científico. Por ende, la escuela y el currículo formal son una oportunidad clave para desarrollar una educación crítica.

La educación crítica permite desarrollar una progresiva autonomía de los estudiantes a partir de la mejora de su propia capacidad de juicio ante los hechos y conocimientos que se le ofrecen. Para ello, planteamos algunas propuestas que pueden servir en el día a día en nuestras aulas.

Superar los dogmas por medio de la pregunta «socrática»

La mayéutica (del griego *maieutiké,* «arte de parir») es una estrategia atribuida al filósofo griego Sócrates, que consistía en ayudar a «dar a luz» a la verdad mediante preguntas. No se enseña conocimiento directamente, sino que se guía para que el alumnado descubra sus propias contradicciones y llegue a conclusiones por sí mismo. No impone ideas, sino que «libera» el conocimiento mediante la reflexión. El proceso es sencillo:

a) Preguntas inductivas aparentemente simples que se plantean en el aula para tratar de explorar lo que realmente no se sabe o las posibles contradicciones que conlleva cualquier respuesta, ante una realidad compleja (ejemplo: «¿qué es el bien común?»).

b) Utilización de la dialéctica, mediante el diálogo a base de preguntas cada vez más incisivas, para que el conocimiento se vaya construyendo con el debate.

c) Autoexploración, con el fin de que el alumno o la alumna «descubra» el conocimiento que tiene o que puede ir deduciendo de lo que ya ha comprendido (haciendo el profesorado la labor de una partera que «ayuda a dar a luz»).

d) Síntesis colectiva de los conocimientos que se van construyendo de forma compartida en el diálogo y la reflexión colectiva, en una espiral continua de preguntas y debate que llevan a su vez a profundizar y ampliar cada vez más el conocimiento de forma crítica.

Desvelar el «currículo oculto» y reconstruirlo críticamente

Educamos constantemente en valores en las aulas, en la dinámica del centro, en las relaciones educativas con el alumnado, entre el profesorado, con las familias y con el contexto. Es más, educamos también con nuestro ejemplo. El currículo oculto es ese conjunto de normas, valores y comportamientos no escritos que se aprenden inconscientemente en la escuela (ejemplo: jerarquías, roles de género, obediencia a la autoridad), reforzando estructuras sociales sin ser parte del plan de estudios formal. Trabajar este currículo oculto puede ser también sencillo:

a) Desvelar con el alumnado las normas, valores y comportamientos que se están poniendo en práctica cotidianamente en el aula, en el patio de recreo, en el comedor escolar, en los espacios y tiempos escolares, para ser conscientes de ellos y sacarlos a la luz.

b) Analizar si son esos los que consideramos adecuados y los que queremos aprender colectivamente. Si son aquellos que mejor nos pueden ayudar a conseguir los fines que pretendemos con la educación que queremos.

c) Explorar cuáles deberían ser. Consensuar qué principios, normas, valores, actitudes y conductas consideramos que deberíamos adoptar para regir el proceso educativo.

d) Reconstruir críticamente ese «currículo oculto», mediante la negociación y el consenso entre la comunidad educativa (especialmente entre alumnado, profesorado y familias), para avanzar en la reconstrucción del que va a guiar en adelante la dinámica del centro.

La duda metódica del profesorado

Esta estrategia quizás sea la más complicada, porque es aprender a «ser consciente» y crítico respecto al «agua en la que nadas». Como el pez de la fábula, al que anteriormente nos hemos referido. Supone ser crítico con el conocimiento adquirido y dado por sentado que se supone que es de «sentido común» en la práctica docente. Las propuestas estratégicas que podrían ayudar en este sentido serían:

a) Tener capacidad para equivocarse, para no saber todo, para cuestionarse incluso sus propios conocimientos y sus propias seguridades. Dar espacio al aprendizaje permanente del propio profesorado. A la vez que somos capaces de ayudar a compañeros que inician la profesión docente y con los que compartimos nuestros saberes, pero también nuestras dudas e incertidumbres.

b) Aprender de otras personas con las que compartimos docencia: entrar en el aula de compañeros y compañeras para aprender cómo aplican su práctica docente y mejorar la nuestra reflexionando conjuntamente sobre cómo la desarrollamos. Vincular esta forma de aprendizaje cooperativo y horizontal con la investigación sobre nuestra propia práctica docente y conectarla mediante el debate y el análisis con la universidad.

c) Escuchar a los estudiantes sobre qué conocimientos y saberes previos tienen, qué aprendizajes traen de casa o de su entorno, qué habilidades pueden aportar a lo que se realiza en el aula y en el centro, qué juicios previos (prejuicios) también han adquirido y podemos contrastar, etc., para poder incorporarlos de forma crítica también en la dinámica cotidiana del proceso de aprendizaje y enseñanza.

Superar el conservadurismo: un currículo laico, feminista e intercultural

Previamente mencionábamos que, desde una abstracción mayor, el currículo tiene dos grandes funciones sociales: la reproducción y la transformación. Ahora bien, el impulso de cada una de ellas está estrechamente ligado con la correlación política de fuerzas en un momento específico. Esto depende de la política dominante y las estrategias desplegadas con el fin de construir un «sentido común», de impactar en la cultura, de construir consensos tácitos, y en ocasiones abiertos, sobre un conjunto definido de problemas y situaciones. Actualmente, una de las vetas fundamentales que trata de desplegar la extrema derecha en la educación es la recuperación de un pensamiento conservador o reaccionario.

Ante ello, es importante construir un currículo que logre consolidar un esquema de conocimiento del mundo a partir de la identificación de sus contradicciones presentes y de las relaciones de poder que lo configuran, en aras de caminar hacia una mayor justicia social, una mayor equidad y un avance en el bien común. Para lo cual es necesario apuntalar un conjunto de principios que articulen el currículo de forma transversal, que resultan tan importantes para la democracia en la educación como peligrosos para las perspectivas reaccionarias de la extrema derecha: laicismo, feminismo e interculturalidad.

Lo que la extrema derecha denuncia como *wokismo*, para nosotros es una propuesta educativa que busca constituir una sociedad libre de ataduras confesionales, donde las mujeres y los hombres tengan los mismos derechos y oportunidades, y donde, además, las distintas culturas se conozcan mutuamente, convivan y se respeten y valoren.

En primer lugar, la escuela pública ha de ser laica para que sea de todas y todos, para que en ella todas las personas nos reconozcamos, al margen de cuáles sean nuestras creencias, que son un asunto privado. Por eso, consideramos que cualquier religión no debe formar parte del currículo. No por motivos antirreligiosos, sino desde un planteamiento pedagógico y social beneficioso de cara a la independencia y autonomía personal, para la que toda persona debe ser educada libremente sin que le enseñen creencias particulares, que cada uno debe poder elegir cuando tenga madurez para ello. La escuela y la universidad deben ser espacios para el desarrollo de conocimientos científicos y saberes comunitarios, valores cívicos y derechos humanos. Los centros de enseñanza deben servir para aprender y no para creer en dogmas confesionales.

En este mismo sentido es necesario reconstruir un currículo que integre la perspectiva de la igualdad entre hombres y mujeres, es decir, el feminismo. Este es el principal «caballo de batalla» de la extrema derecha, que tilda el feminismo como «ideología de género». Es necesario reconstruir un currículo que ponga el valor a las aportaciones de las mujeres a lo largo de la historia, así como los conocimientos tradicionalmente atribuidos a las mujeres que no son valorados, replantear el lenguaje, las relaciones, los espacios, la organización, el entorno y todos los ámbitos que hay alrededor y en la dinámica interna de cualquier centro educativo y la comunidad que lo integra, transgrediendo los marcos de control y dominio de la cultura patriarcal (hooks, 2021). Un currículo que, además, sea acompañado por una práctica educativa de igualdad, donde no haya cabida a cualquier forma de violencia contra las mujeres.

Se ha de incluir la coeducación y la educación afectivo-sexual, elementos imprescindibles que deberían tener un seguimiento, evaluación y apoyo constante por la administración educativa y contar con el soporte de especialistas y expertas y expertos para asesorar al profesorado y a la comunidad educativa sobre cómo abordarlo de forma transversal y en todos los espacios educativos. Así como convertir el androcentrismo de la cultura que vivimos en un problema en la escuela, subvirtiéndolo mediante la crítica al modelo masculino como modelo universal.

Además de los dos puntos anteriores, también consideramos fundamental impulsar la educación intercultural. Hablamos de interculturalismo y no de multiculturalismo porque consideramos que la cultura no debe ser un elemento a fagocitar por parte del capital (Jameson y Žižek, 1998), y dicho término, en gran medida, ha logrado ser cooptado por la industria cultural y el «capitalismo multicolor». El interculturalismo al cual nos referimos es una práctica educativa que implica la descolonización de las propias prácticas, las cuales dialogan y construyen también el currículo. Apostamos así por la construcción de una interculturalidad crítica decolonial en tanto un proyecto de naturaleza epistémica, política, económica, histórica, ambiental y social.

Proponemos así reconstruir el currículo desde una perspectiva intercultural, lo cual supone un cuestionamiento del etnocentrismo y exige la búsqueda de puntos comunes y de lugares de encuentro para fomentar el conocimiento mutuo y el desarrollo de formas de convivencia en las que todas las personas se vean representadas. Esto implica la relativización de todas las culturas, en especial de la propia, así como el descentramiento cultural, con la perspectiva de construir una cultura común global que supere las fronteras y permita habitar en un mundo común y compartido. Educar a partir del otro, de la otra, debe ser el nuevo paradigma educativo.

No se trata de incorporar al currículo nuevos elementos relativos a las minorías culturales presentes en los centros en determinadas áreas, ni de dedicar momentos específicos (sesiones, días, semanas) a realizar actividades relacionadas con la diversidad cultural, sino que el problema nuclear es la representatividad cultural del currículo común. Es necesario que todo el currículo esté impregnado y abierto a la diversidad. El objetivo de una propuesta

curricular intercultural debería ser el comprender la realidad desde diversas ópticas sociales, políticas y culturales,
el de ayudar al alumnado a entender el mundo desde diversas lecturas culturales, y a reflexionar y cuestionar su
propia cultura y la de los demás.

Para avanzar en un currículo laico, feminista e intercultural, en el sentido planteado, consideramos algunas propuestas que pueden servir en el día a día en nuestras aulas
como forma de dique de contención a las pretensiones de
la extrema derecha de controlar el espacio educativo desde la confesionalidad, el machismo y la segregación cultural y étnica, pretendiendo regresar a etapas ya superadas.

Sacar cualquier elemento religioso del tiempo y el espacio lectivo

El conocimiento de las religiones es parte del conocimiento que se transmite en muchos de los contenidos escolares
habituales (en la historia, en la literatura, en el arte, en la
música, etc.). No se trata de eliminar su conocimiento con-
textualizado, pues las religiones han conformado parte de
la historia y la cultura de la humanidad. De lo que se trata
es de que los elementos confesionales, catequéticos, doctrinales y dogmáticos de las distintas religiones no estén
presentes en el espacio y en el tiempo escolar como asignaturas, símbolos, prácticas, costumbres o formas de organizar el calendario. Apuntamos algunas propuestas que ayuden a dar los pasos necesarios y suficientes para lograrlo:

a) Consensuar en la comunidad educativa que se tras-
laden las asignaturas o contenidos específicos de
cualquier religión fuera de los tiempos escolares,
bien sea al comienzo o al final del horario lectivo,
mientras se avanza a nivel político para derogar los

acuerdos anticonstitucionales con el Vaticano (por los que se obliga a ofertar asignaturas de religión), como pasa en España; o, en otros países, eliminar la religión del currículo.

b) Retirar de las aulas y del espacio escolar en general todos los símbolos religiosos de cualquier tipo, que sean de tipo institucional o impulsados por la institución educativa.

c) Someter a crítica el conocimiento religioso que aparece en las diferentes materias para que el alumnado conozca el contexto en el que se produjeron, el sentido que tenían y a qué intereses o proyectos respondían.

Construir un currículo y una escuela antipatriarcal

Existe una larga experiencia del feminismo en la lucha por una escuela no solo coeducativa sino claramente feminista (Subirats, 2018; Tomé *et al.*, 2022). A partir de las prácticas y propuestas que se han desarrollado y que buena parte del profesorado y de las comunidades educativas ya conocen, destacamos cuatro que nos parecen fundamentales en este sentido:

a) Utilizar un lenguaje inclusivo de forma cotidiana en las aulas, en las relaciones, en todos los espacios y tiempos escolares. Se trata de desinvisibilizar a las mujeres y no suponerlas incluidas en un masculino genérico por un criterio puramente pragmático de economía del lenguaje.

b) Visibilizar a las mujeres y a autoras feministas en el currículo escolar, así como los aportes que las mujeres han hecho a lo largo de la historia en distintos campos de la ciencia y el conocimiento.

c) Promover juegos mixtos y deportes no estereotipados en las actividades (por ejemplo: yoga para todos o deporte sin distinción de género) en los diversos espacios, incluyendo los patios coeducativos, con el fin de eliminar estereotipos de género.

d) Cuidar el currículo oculto para no reproducir «machismos cotidianos», denominados con frecuencia «micromachismos»,[29] en el aula (por ejemplo: evitar que los niños monopolicen la palabra o que las niñas asuman siempre roles de cuidado).

Reconstruir un currículo intercultural y decolonial

La interculturalidad supone una mirada crítica a la propia cultura y al currículo que se nos ha transmitido como «normal», aunque solo es «habitual» en nuestro contexto. Se necesita ampliar esa mirada para comprender que hay también otras visiones del mundo y de la realidad tan valiosas como la que hemos aprendido a asumir como la «normal». Pero, además, implica una mirada crítica a las relaciones de poder, al racismo estructural y al colonialismo (IEEPO y SNTE Sección XXII, 2012). Desde la experiencia práctica que se está desarrollando en centros y comunidades educativas proponemos las siguientes estrategias concretas:

a) Replantear el currículo y reconstruirlo desde la cosmovisión, la lógica y los saberes ancestrales de los pueblos originarios. Para ello se necesita que las comunidades educativas tengan autonomía pedagógica para repensarlo de forma situada y contextualizada. Poder consensuar y acordar por la comunidad educativa un «currículo otro», anticolonial, desobediente e insumiso.

b) Desvelar en las aulas los mecanismos de opresión de clase, etnia, sexo-género, cultura y capacidad implícitos en el sistema capitalista, que han justificado sistemas de jerarquías sociales y patrones de poder que consagran una desigualdad estructural en las sociedades y en las relaciones internacionales.

c) Analizar en clase, comprender y deconstruir los mensajes del discurso de odio y de racismo de las narrativas de la extrema derecha y de otras formaciones políticas que, aunque no sean de extrema derecha, han acabado por asumir parte del marco ideológico de la extrema derecha (en temas migratorios y de seguridad, sobre todo).

Del olvido a la memoria, la vida y lo esencial

La escuela debe educar para la vida. La vida es conflicto, es memoria, es política, es comprensión del presente, es soñar un futuro. Por eso la educación no consiste únicamente en enseñar el conjunto de habilidades instrumentales que requiere el mercado. De ahí que un currículo antifascista tenga la obligación de combatir la política del olvido y la desmemoria. Porque no podemos construir un futuro basado en la impunidad del pasado. Es necesario entender el pasado para comprendernos, y para aprender y caminar hacia un futuro mejor.

La memoria histórica democrática[30] ha sido combatida de forma permanente por el conservadurismo y, de manera mucho más beligerante, por la extrema derecha. Quieren ocultar el pasado que les señala como herederos del fascismo del siglo XX. De ello se deriva una permanente campaña para borrar el pasado, afirmando que no es necesario «abrir nuevamente las heridas» o que «hay que mirar hacia delante», como si comprender lo que ha sucedido implicara generar un daño más profundo que el que ya se ha hecho.

Frente a ello, nosotros proponemos abordar una «historia con memoria» de forma crítica en las escuelas, en las universidades, en la formación docente y en las comunidades educativas. Perder el miedo por ahondar en la historia reciente y por los monstruos que solemos encontrar en ella. Es necesario que las futuras generaciones comprendan lo peligroso que resulta banalizar el mal cuando hablamos del fascismo. Que no se trata solo de hechos pasados, sino que han conformado el presente. Y que, en Europa, por ejemplo, se ha conseguido constituir las actuales democracias a partir de la derrota del fascismo. No podemos volver atrás.

La memoria histórica es fundamental para educar a una ciudadanía crítica y comprometida socialmente con valores democráticos. Si necesitamos conocer nuestro pasado para entender nuestro presente y construir nuestro futuro, también tenemos que educar para la vida que nos toca vivir en la actual sociedad. La escuela no puede ser solamente un espacio en el que se transmiten contenidos académicos vitalmente indiferentes, que se aprenden para aprobar los exámenes y se olvidan después. La escuela debe educar para saber enfrentarse al mundo, comprenderlo y actuar en él construyendo ciudadanía comprometida social y políticamente, que es la finalidad esencial de la educación.

Por un currículo con memoria

Consideramos necesario incorporar la memoria histórica democrática en el currículo de forma transversal. No solo en la materia de Historia, sino en todas las materias y en la formación inicial de todo el futuro profesorado. Porque la memoria histórica democrática nos habla de los derechos humanos, de los principios y valores democráticos y de justicia social. Y esto es algo que afecta a todas las asignaturas, a todo el currículo, a todos los contenidos escolares. Debemos incorporar estos elementos en la dinámica habitual de la enseñanza en todos los niveles, pues tenemos que educar en el antifascismo. Dado que no se puede ser demócrata sin ser antifascista. Como estrategias fundamentales para abordar en el centro, tanto de forma específica en determinadas materias como de forma transversal en todas ellas (pues la memoria histórica democrática es un deber que atañe de forma global a toda la comunidad educativa), se pueden plantear las siguientes acciones:

a) Documentar la memoria para recuperar la historia que la extrema derecha insiste constantemente en olvidar, ocultar e invisibilizar. Enseñar al alumnado el proceso de investigación histórica y la recuperación de fuentes documentales para conocer el pasado y entender el presente. Trabajar con ellos la comprensión del contexto de las mismas, el valor de los hallazgos que dan testimonio de la historia, y cómo analizarlas, así como su relación con los acontecimientos actuales.

b) Organizar actividades escolares para visitar los lugares de la memoria del genocidio, de la barbarie. No es lo mismo leerlo, oírlo, verlo en un documental, que vivir y pasear por el sitio donde sucedió. Tratar de imaginarse *in situ* lo que supuso para quienes lo vivieron. Eso permite un ejercicio de empatía, de «ponerse en la piel» de quienes protagonizaron la historia y que, en muchos casos, dieron su vida por construir una sociedad democrática, libre y más justa.

c) Recuperar con el alumnado la memoria intergeneracional a través de entrevistas y grabación documental de quienes la vivieron y que son testimonio directo de los hechos que acontecieron. Ayudarles a conocer la historia, desde la perspectiva de testigos directos, lo cual también permite acercarnos a la vivencia emocional que experimentaron quienes la sufrieron directamente, quienes son fuentes primarias de la memoria. Y esto supone hacer un ejercicio de memoria de la historia cotidiana, de la historia personal, de la historia que no se suele contar, pero que es la que entreteje los hilos y la trama de la historia real.

d) Implicarse y participar como centro educativo y como universidad en movimientos, colectivos, asociaciones y grupos memorialistas de la zona. Colaborar con ellos en procesos de exhumación de víctimas de las dictaduras. En la búsqueda de fuentes documentales que den testimonio de lo que aconteció. En actos de reparación y homenaje a las víctimas de la lucha por una sociedad más justa y mejor. En contribuir a que el pasado no quede en el olvido, sino que sirva para iluminar el presente y para ser esperanza para construir un futuro sin fascismo.

Un currículo para una ciudadanía crítica, y también para la vida

Mucho más importante que las puntuaciones en matemáticas y en ciencia (que no reflejan realmente la capacidad de las personas) es la implicación de la generación siguiente en el mantenimiento de una democracia real y en la construcción de una sociedad más justa. Los «ránquines» que se deberían publicar en los periódicos son los de las escuelas que no son capaces de promover ciudadanía política y socialmente activa y comprometida.

Por eso, resulta evidente que debemos repensar los contenidos que configuran el currículo escolar para seleccionar, acordar y priorizar cuáles son los aprendizajes básicos y esenciales que todo el alumnado ha de recibir en la escuela, los cuales deben apuntar a construir ciudadanía crítica, y fomentar los valores democráticos y los derechos humanos.

Por eso, entendemos que la escuela no puede ser una empresa. El fin último de la escuela no puede ser formar mano de obra para las empresas. La educación no es únicamente una preparación para el mercado laboral. La extrema derecha ha asumido la ideología neoliberal y libertariana que entiende el sistema educativo como parte de un tejido mercantil de fábricas de capital humano. Nos sumamos a una larga tradición pedagógica que afirma que, aunado al desarrollo integral de las personas, la finalidad central de la educación es formar ciudadanía crítica y comprometida con valores democráticos, cívicos, acordados colectivamente, que guíen la práctica educativa, como instrumento de transformación para alcanzar una sociedad más justa y mejor.

Por un currículo de lo esencial

Quizá debamos «podar el currículo». Pero no para dejarlo en *soft skills* o aprendizajes instrumentales para el mercado, como decimos. No se trata solo de reducir un currículo que se presenta a veces como inabarcable, enciclopedista. Sino que se trata de transformarlo desde un enfoque globalizador que parta de cuestiones esenciales y relevantes para el ser humano, en torno a las que vehicular los aprendizajes más instrumentales, que muestre que el conocimiento es global y está interrelacionado. Desde este enfoque podemos replantear un currículo que se base en los problemas y desafíos reales y fundamentales que afectan a la vida de nuestra sociedad. En este sentido, la pedagogía de los movimientos de renovación pedagógica y la práctica de las comunidades de aprendizaje nos ofrecen estrategias relevantes para llevar a la práctica este planteamiento. Enumeramos a continuación algunas de ellas:

a) Reconvertir y reorganizar las asignaturas, las materias, desde una óptica que parta de los problemas esenciales y desafiantes actuales para, en torno a ellos, articular los aprendizajes instrumentales (lengua, matemáticas, etc.). En vez de asignaturas de lengua, matemáticas, conocimiento del medio, música, educación física, etc., transformar en asignaturas la ecología, la convivencia, la igualdad, la justicia, la interculturalidad, la salud y calidad de vida, los afectos y la sexualidad integral, el cuidado del otro, la ciudadanía, la cooperación, la solidaridad, el consumo responsable, el antifascismo, etc., mediante una metodología de proyectos y trabajo cooperativo desde un planteamiento globalizador e interdisciplinar, que conecte las escuelas con la realidad cotidiana y los problemas sociales de su alumnado. Y en torno a estas «asignaturas» o materias desarrollar los aprendizajes instrumentales de la lengua, las matemáticas, la música, etc. Aprendizajes instrumentales que tendrán sentido, que serán funcionales y servirán realmente, no tanto para pasar un examen y olvidarse luego, sino para saber enfrentarse al mundo, comprenderlo y actuar en él construyendo ciudadanía, que, insistimos una vez más, es la finalidad esencial de la educación.

b) Definir los contenidos esenciales que se deben plantear en el currículo educativo en función de las finalidades educativas que pretende la comunidad educativa. La vida y la escuela no pueden mantenerse separadas y ajenas. La educación es para la vida y, en este sentido, debería servir para ayudar a desarrollar una vida personal y social más vivible, más plena y más humana. Debería ser la comunidad educativa la que definiera cuáles son esas finalidades de forma realmente democrática y participativa, con la participación de todos los actores, y en función de esas finalidades acordadas y consensuadas democráticamente evaluar el desarrollo del proceso de enseñanza y aprendizaje del centro educativo.

c) Desarrollar un currículo nutrido de contranarrativas antifascistas de forma clara y abierta. En la Segunda República española se diseñó la *Cartilla escolar antifascista,* un silabario editado por el Ministerio de Instrucción Pública y Bellas Artes, que acompañaba a los republicanos en el frente, durante la guerra contra el golpe fascista de los militares, la oligarquía y la jerarquía católica en España. Esta cartilla explicaba que con la educación también «se podía vencer al fascismo». En ella se sustituía el típico «mi ma-má me mi-ma», por el «u-ni-dos ven-ce-re-mos al fas-cis-mo», para el aprendizaje de la lectura y de la aritmética de los soldados republicanos. Este es un ejemplo de cómo el currículo y la educación puede ponerse al servicio de la libertad, la democracia y la justicia social.

Por una organización educativa radicalmente democrática

Un segundo nivel de intervención es la organización del espacio, el tiempo y la dinámica escolar. Sabemos las limitaciones que tiene estructuralmente esta dimensión si no cuenta muchas veces con un respaldo económico y con recursos suficientes, como sucede con bastante frecuencia en la educación pública. Por eso se necesita también voluntad política de quienes han sido elegidos para «gestionar lo público», de tal forma que la prioridad sea destinar más recursos a garantizar los derechos sociales de la ciudadanía, como es la educación. Aunque esa voluntad tiene que ser «forzada» a veces por la movilización y la lucha de las comunidades educativas y la sociedad en general.

La forma en cómo está estructurada la escuela también cumple una función en la formación de las y los estudiantes y de la comunidad en general. Al igual que el currículo, la organización escolar educa en valores. El patio escolar, la asamblea de clase, la dirección del centro, la conexión de la escuela con el entorno, la relación con otros agentes sociales (gobiernos locales, asociaciones, colectivos, etc.), el comedor escolar —cuando existe—, la convivencia del profesorado, las salidas conjuntas, el clima del aula y de la escuela, el tiempo escolar, etc. Todos estos son aspectos fundamentales que también construyen una forma de aprender, una forma de enseñar y una forma de educar. Todos ellos son espacios, tiempos y dinámicas políticas: educan.

En última instancia, el conjunto de elementos mencionados y su ordenamiento educan hacia la justicia social o la reproducción de las desigualdades; en la igualdad entre hombres o mujeres, o en el machismo; en el diálogo entre culturas o en las jerarquías de la colonialidad; en el respeto a los derechos humanos o en la negación de la dignidad de las personas; en la radicalización democrática o en el autoritarismo.

Considerando lo anterior, hay diferencias sustanciales entre un patio escolar pintado con canchas deportivas, que reproducen los espacios para jugar al fútbol, donde este es el centro, y un diseño de patios verdes y ecológicos con huertos o patios coeducativos, donde hay variedad de juegos no sexistas y cuyo diseño se construye desde un enfoque no patriarcal, o patios inclusivos donde quien tiene más dificultades en su ocio y tiempo libre también es contemplado a la hora de configurar esos espacios y tiempos de recreo.

Sobre la dinámica de funcionamiento del aula: la existencia de asambleas de clase democráticas en las escuelas, donde las decisiones son tomadas conjuntamente y consensuadas y son vinculantes, tanto para el alumnado como para el profesorado, contrasta profundamente con la ausencia de espacios para el intercambio y el protagonismo de los y las estudiantes en los centros educativos.

Sobre la dirección del centro: no es lo mismo una dirección compartida y colegiada elegida democráticamente por la comunidad educativa que una dirección establecida por la administración educativa y que se ejerza de forma burocrática o autoritaria; no es lo mismo pensar una codirección, teniendo en cuenta la paridad, que no pensarla; no es lo mismo una dirección en la que participen diferentes estamentos de la comunidad educativa —también estudiantes y familias y personal de administración— y rotatoria, de tal forma que sea distribuido el liderazgo entre toda la comunidad educativa, que pensar en una dirección burocrática tradicional.

Sobre la relación de la escuela con el entorno: no es lo mismo un centro que se ha convertido en un foco de transformación y apoyo a su entorno, que se preocupa por los problemas del barrio o del pueblo y se implica en las soluciones a los mismos desde el trabajo por proyectos con la implicación de los saberes de diferentes asignaturas para dar respuesta a los problemas que se viven en su contexto, y se implica con asociaciones, colectivos y grupos del barrio o pueblo, a una escuela entendida abierta o tácitamente como fábrica de habilidades instrumentales, productora de capital humano desde la infancia, la cual se mantiene ajena a la interacción social planteada, al margen de su entorno y como un espacio aislado donde se siguen estudiando contenidos ajenos a la vida porque «tocan» y se memorizan para un examen, olvidándose posteriormente de la mayoría.

Sobre el comedor escolar: en los sistemas educativos en los cuales existe comedor escolar, también es posible encontrar diferencias importantes entre un centro que considera y planifica el espacio y tiempo del comedor escolar como elementos profundamente pedagógicos, en los cuales se considera la importancia de la agricultura ecológica para la producción de alimentos y se fomenta un espacio de cuidados y aprendizaje de responsabilidades compartidas, implicando a los estudiantes y a la comunidad educativa en ello, frente a un centro que simplemente encarga comidas de *catering* a macroempresas cuya prioridad es el beneficio y que sirve la comida como si fuera un autoservicio o una cafetería.

Ejemplos como los anteriores podrían seguir desarrollándose, porque parten de la misma premisa: la disposición del espacio y las formas sociales mediante las cuales se vive la experiencia escolar tienen efectos educativos, y también políticos. Y su atención resulta fundamental para ampliar los márgenes de democracia y bienestar colectivo, e ir a un nivel más profundo en su realización.

A continuación planteamos cuatro puntos importantes respecto a la organización educativa, los cuales pueden construir un marco de prácticas y valores que coadyuven, no únicamente a evitar el auge de la extrema derecha en la educación y la sociedad, sino a construir entornos más democráticos: radicalizar la democracia en la organización, radicalizar la ecología decrecentista en el funcionamiento del centro, radicalizar la cooperación como forma de apoyo mutuo en la filosofía de la actuación del centro, y radicalizar la vida lenta y reflexiva (lo que se suele denominar como «estrategia del caracol») para generar una dinámica que nos acompañe a «ir despacio porque vamos lejos», en el horizonte antifascista.

Radicalizar la democracia en la organización

Un principio fundamental en la democratización es que esta se debe desarrollar en dos sentidos: expansión y profundización. Expansión en el sentido de construirse espacios democráticos en cada vez mayores instancias de la vida en común de los centros escolares, y profundización en el sentido de que, en todos esos espacios, el ejercicio democrático debe profundizarse. En contraste, la extrema derecha busca promover una *democracia jibarizada* (reducida al procedimiento formal) y de baja intensidad y aboga por el retorno a un autoritarismo fuerte. Es más, esto suele ser un paso previo hacia la constitución de políticas más abiertamente represivas, fundadas en un orden jerárquico y desigual a nivel de clase, etnia y género. Lo cual es la antesala de una política abiertamente antidemocrática, que conduce no solo al autoritarismo generalizado, sino también al fascismo cuando este logra echar raíces en la sociedad.

En todo caso, la extrema derecha solo admite una democracia política formal, liberal, basada en libertades civiles (si están «vigiladas»), la división de poderes (si está «controlada») y, dependiendo del contexto, el parlamentarismo (sin poder real de transformación). Si se trata de regímenes presidencialistas como en América Latina, estos grupos apoyan un régimen de *check and balances*[31] en el cual el sistema de contrapesos impida cambios democráticos o redistributivos mayores, derivados de su actuación política en instancias clave. Por supuesto, no consideran, y si lo hacen es en clave negativa, que una democracia real deba ser aplicable en los ámbitos económicos, laborales, sociales, culturales y ecológicos, conllevando una redistribución de la riqueza y del poder.

Por eso es necesario educar en una «democracia del bien común» que considere que se debe producir para satisfacer necesidades básicas y no deseos superfluos.[32] Que una democracia no puede admitir la desigualdad social ni las relaciones internacionales basadas en la explotación y el saqueo del Sur global. Que hay medidas económicas que refuerzan la democracia (renta básica garantizada e incondicional de ciudadanía que sea universal, «sueldos suelo» y «sueldos techo» que redistribuyan la economía, etc.) y prácticas que la impulsan (como la cogestión en las empresas por parte de la clase trabajadora para avanzar en la democracia laboral).

Asambleas de participación democrática

Para aprender democracia hay que practicarla desde la escuela. La escuela tiene una función de transformación y formación de las futuras generaciones como ciudadanía comprometida con la mejora de la sociedad en la que viven. Una parte fundamental de esta transformación es educar para una radicalización democrática en el espacio escolar. Desde que entran por la puerta del centro educativo todos los componentes de las comunidades educativas deben saber que pueden participar y decidir en aquello que les atañe como miembros de la misma y como ciudadanía. Por eso, para cumplir el derecho a una educación democrática que tiene el alumnado, tenemos que atrevernos a plantear propuestas que pongan en acción el ejercicio democrático dentro de nuestras aulas y nuestros centros, porque la democracia se aprende desde la praxis. De ahí que planteemos las siguientes medidas para desarrollarla en la práctica cotidiana de cada aula, cada centro y cada comunidad educativa:

a) Realizar asambleas de participación democrática: una de las prácticas organizativas que se debe extender a todos los niveles educativos sería celebrar asambleas donde se delibere democráticamente sobre la vida y la dinámica del centro educativo. Donde se acuerden democráticamente las normas y el funcionamiento de las aulas y del centro. Donde se aborden los conflictos, las dificultades, los aciertos y se reflexione y debata sobre los problemas y sobre el sentido de la educación que se pretende y se quiere desarrollar.

b) Gestionar presupuestos participativos: establecer mecanismos de democracia directa donde la comunidad educativa (alumnado, docentes, familias y personal no docente) pueda decidir de forma deliberativa, colectiva y consensuada a qué destinar una parte del presupuesto del centro educativo. Es una manera de fomentar la participación, la transparencia y la co-rresponsabilidad en la gestión de recursos.

c) Realizar referendos democráticos: sobre temas vinculantes y decisivos para el centro, que no ha sido posible consensuar, porque hay diferentes visiones sobre ellos. Esto permite una participación sobre la base de «una persona, un voto», donde se muestre en acción la democracia que pretendemos construir. Lo cual implica haber establecido espacios previos de debate y argumentación donde se expliquen las diferentes posturas y razones. Confiando en la capacidad del alumnado también para tomar decisiones que les afectan y de las que son corresponsables.

Dirección colegiada democrática

Una clave fundamental en la dinámica organizativa de los centros educativos es la dirección y el liderazgo escolar. No solo porque deben ser elegidos democráticamente y, por lo tanto, deben representar a la comunidad educativa, sino porque de su acción dependen muchas de las dinámicas que se desarrollan en los centros escolares. No es lo mismo un colegio cuya dirección es autoritaria, que aquel donde la dirección es democrática o en el que simplemente se limita a cumplir burocráticamente lo que le manda la administración.

La dirección debe ser ejemplo de la democracia que se propone. Esto implica un ejercicio no solo de dirección, sino de liderazgo reconocido por la comunidad. El liderazgo no se impone, se reconoce. Es la autoridad (no el autoritarismo o el poder) reconocida por los demás, en función de la capacidad, el saber negociar y acordar, el implicar a los demás en un proyecto compartido, etc. Para impulsar un liderazgo democrático y compartido, podemos desarrollar las siguientes medidas y propuestas:

a) Elección democrática: es necesario que en la elección de los cargos directivos participe toda la comunidad educativa, siendo elegidos en función del programa o propuesta de mejora que presenten y defiendan. Y plantear igualmente la posibilidad de que puedan desempeñar esta función miembros de toda la comunidad educativa.

b) Dirección colegiada: la dirección en organizaciones tan complejas como las escuelas y los centros educativos no puede ser unipersonal. No solo por la complejidad, sino porque debemos mostrar otras formas de trabajar en el espacio educativo que pongan en práctica los valores que defendemos: la cooperación y participación democrática. Por eso una dirección colegiada, compartida y paritaria (sabiendo además que suele haber más mujeres que hombres en la profesión docente) debe ser una prioridad en la dinámica escolar.

c) Dirección democrática mediante liderazgo participativo y distribuido: en toda organización educativa hay personas que, independientemente de la posición institucional que ocupen, son capaces de motivar, impulsar y dinamizar a otros componentes de la organización en torno a determinados proyectos o propuestas. Hay líderes de coordinación, líderes de orientación y apoyo, líderes académicos, líderes de relación con la comunidad, líderes de construcción de relaciones y equipo, etc. Por eso el equipo directivo debe impulsar un liderazgo educativo compartido con toda la comunidad educativa, que permita y facilite el compromiso y la responsabilidad compartida.

Hacia una organización ecosocial decrecentista

El modo de producción y de vida capitalista atenta contra la naturaleza, y su lógica ecocida está conduciendo inevitablemente al desastre ecológico. En este panorama, la extrema derecha ha desplegado una campaña de negacionismo acusando al movimiento ecologista de «fanatismo climático». Cuando no adoptan esta postura negacionista optan por una especie de «ecofascismo malthusiano», con el cual se justifica que los milmillonarios sigan disfrutando de sus privilegios y su forma de vida, y exigen que se controle el aumento de población y sus patrones de consumo. Además, impulsan una «lógica necropolítica» basada en el rearme y la guerra preventiva, un nuevo «régimen de frontera» cuya finalidad no es sino invadir zonas geopolíticas consideradas «de sacrificio» y utilizarlas como canteras extractivistas de recursos y tierras raras,[33] para sostener así «el modo de vida occidental». Esta es su forma de gestión del colapso ecosocial, para mantener la calefacción encendida y los centros comerciales abiertos… en el Norte global.

Frente al negacionismo y la «necropolítica extractivista» consideramos que es importante impulsar, desde el sistema educativo, una conciencia ecológica que apunte no solo a la reducción de los síntomas, sino que además busque atender las causas más profundas; es decir, salir del sistema que lo produce. Somos conscientes que la lucha contra el cambio climático, así como contra el expolio de la naturaleza, no es un trabajo que le corresponda solo a la escuela, sin embargo, sí consideramos, como en otras cuestiones, que la escuela es un espacio estratégico para la construcción de una conciencia crítica al respecto.

Necesitamos impulsar en los centros escolares una educación en y para el decrecimiento que recupere el legado del ecosocialismo, el ecofeminismo, la ecología de los pobres, etc. En este sentido, el decrecimiento es una propuesta radical de carácter anticapitalista que rompe las lógicas del crecimiento sin límite, de la acumulación de la plusvalía laboral y medioambiental, y del estímulo constante del consumo. Implica luchar porque quienes «viven por encima de las necesidades colectivas» sean desposeídos de los recursos y medios que despilfarran y aprendan a vivir bien con menos. Para ello es imprescindible formar en una «ética ecológica» que enseñe a convivir con el planeta y la naturaleza, además de anteponer el bien común y las necesidades colectivas frente a los deseos individuales y el consumo compulsivo.

Frente al enfoque ecofascista de la extrema derecha (Taibo, 2024), que nos sitúa como depredadores del ecosistema y de la vida, hemos de educarnos como cuidadores de estos. Poner la vida, la naturaleza y su cuidado en el centro. Es imprescindible comprender la esencia ecodependiente de la vida humana. Somos naturaleza y nuestra vida está sujeta inevitablemente a los límites físicos del planeta.

No obstante, entendemos que hay diferentes contextos acordes a las condiciones materiales, económicas, sociales y políticas de las diferentes regiones del planeta, en tanto que muchas de las propuestas que se planteen pueden ser adecuadas para el Norte global, mientras que en el Sur global son hasta el momento prácticamente implanteables por condiciones estructurales.

Consumo crítico

Los sistemas educativos deben ser espacios para reflexionar y repensar el modelo de consumo compulsivo al que nos avoca el capitalismo actual, y que se ve reflejado en las modas, el espectáculo permanente que nos ofrecen los medios de comunicación, la publicidad que nos invade a través de las redes también y el sistema social que nos enseña que tener un coche más grande, una casa más aparente, un estilo de vida con más derroche es haber triunfado. La escuela será para buena parte de la población quizás la única oportunidad que tengan para comprender, analizar y generar «mecanismos de defensa» frente al consumo desaforado que se nos vende como inevitable y necesario, para seguir manteniendo el crecimiento económico y el mercado, y la forma de conseguir nuestra felicidad. Se necesita educar en un modelo de decrecimiento que también conlleva un consumo crítico, ecosostenible y decreciente que distinga necesidades de deseos y que nos ayude a comprender que somos ecodependientes y que no es posible el crecimiento permanente en un planeta cuyos límites ya hemos rebasado. Una pedagogía del decrecimiento conlleva medidas concretas en la dinámica educativa y en la práctica escolar. Proponemos algunas estrategias que puedan servir para aterrizarla en el ámbito escolar:

a) Impulsar prácticas de consumo crítico: implicar a toda la comunidad en proyectos que fomenten formas sostenibles, alternativas y con un horizonte de decrecimiento para resolver las necesidades de alimentación, el transporte o el ocio, que conduzcan a una reducción del consumo, como aprender a sembrar un huerto y cultivar nuestros propios alimentos, aprender a reparar objetos en vez de tirarlos y comprar otros nuevos, coser y remendar nuestra ropa y ser conscientes del trabajo que ha conllevado el hacerla, etc.

b) Aprendizaje por un consumo crítico: deconstruir el mensaje publicitario que promueve el consumo como forma de alcanzar la felicidad desde diferentes áreas y como proyecto global de aprendizaje. Por ejemplo, en los contenidos sobre lenguaje analizar los mensajes publicitarios y el impacto que buscan (eslóganes, figuras retóricas, persuasión; ensayos sobre el consumismo o la manipulación publicitaria). Estudiar en los contenidos relacionados con la expresión plástica y artística cómo tratan de seducir las imágenes, las secuencias o los mensajes audiovisuales que inundan nuestros móviles, y crear un anuncio crítico para adentrarse en el proceso de su realización. Conocer la historia de la publicidad, su evolución con los medios (de la prensa a las redes sociales) y su actual alcance. Investigar matemáticamente el impacto de la publicidad en la población y realizar encuestas y gráficos sobre los hábitos de consumo en el centro. Realizar un análisis crítico de la publicidad de «productos milagro» (suplementos dietéticos, cosméticos rejuvenecedores, etc.). Comparar eslóganes en diferentes idiomas o analizar anuncios con doble sentido en la traducción. Desde un punto de vista intercultural, ver cómo se adaptan los anuncios a diferentes culturas. Debatir sobre la ética de la publicidad de alimentos no saludables dirigida a menores, o sobre las polémicas de publicidad *greenwashing,* sobre los anuncios sexistas o cómo nos segmentan los algoritmos analizando el *targeting* en redes sociales.

c) Enseñar a reutilizar los productos, en vez de deshacerse de ellos. A recuperar muchos de los que se tiran a la basura y pueden ser reciclados y nuevamente utilizados, incluso con otras finalidades, y todos aquellos que vayamos encontrando en nuestro medio que ayuden a un cuidado del entorno.

Crear un clima ecoeducativo

No se trata solo de hacer acciones puntuales, que también son necesarias. Se trata de crear una cultura de decrecimiento y un clima ecoeducativo en el centro escolar. En toda la dinámica de funcionamiento y de trabajo construida y progresivamente consolidada por toda la comunidad educativa, y donde también tengamos en cuenta el contexto social y el entorno en el que se sitúa la escuela. Esto implica repensar el espacio, la organización, la dinámica educativa desde la sostenibilidad crítica y mostrar también con el «ejemplo en acción» el enfoque que pretendemos. Algunos ejemplos de cómo orientar la acción del centro en este sentido podrían ser los siguientes:

a) Desarrollar una educación vinculada al territorio que enseñe a apreciar, cuidar, convivir y valorar el entorno natural. Impulsar una organización de los espacios escolares en relación con el medio que facilite el acceso a pie y en bicicleta a centros escolares, con una escolarización de proximidad. Construir y adaptar los centros educativos con criterios ecológicos y realizar auditorías ambientales de los mismos para evitar derroches en calefacción, iluminación, equipos electrónicos, etc., donde esas condiciones existen.

b) Organizar «ecocomedores» mediante cocinas escolares en el colegio utilizando productos locales de temporada, de producción ecológica, desechando productos que promuevan la explotación salarial y evitando el desperdicio alimentario. El comedor escolar es un espacio y un momento de encuentro que se puede convertir en una herramienta pedagógica de primer orden, no solo para educar en una conciencia ecosocial crítica, sino en cuanto a reparto de tareas, colaboración, responsabilización con el cuidado de los demás y del medio ambiente, etc.

c) Impulsar un clima del centro, en colaboración con el barrio o el pueblo o la comunidad, que permita generar espacios de debate sobre el decrecimiento y que revise todas las dinámicas que tenemos desde esa perspectiva. Eso se puede realizar con una «auditoría de decrecimiento» evaluando los distintos aspectos de la organización, funcionamiento y dinámica del centro educativo para ver si cumplen unos criterios ecológicos de sostenibilidad suficiente. Esta auditoría la puede realizar la propia comunidad educativa, de una forma democrática y participativa, porque se trata no solo de conseguir un resultado sino de aprender con el proceso y reflexionar sobre lo que se quiere conseguir.

Crear una conciencia ecológica ético-crítica

Para construir una conciencia ecológica ético-critica se necesita, en primer lugar, problematizar lo inmediato, que es lógicamente distinto en cada contexto. Si en el Norte global lo más inmediato habitualmente es el consumo, en el Sur global es el extractivismo destructor del ecosistema, mediante el cual ese consumo es posible. Necesitamos conocer el «lado oscuro» de la realidad material que nos envuelve y de la que, en buena parte, somos inconscientes porque «lo tenemos a mano» y pocas veces nos hemos parado a pensar quién lo hizo, cómo se hizo, con qué finalidad y qué costes supuso. Abordamos, a continuación, algunas posibles concreciones para impulsar la creación de esta conciencia ecológica ético-crítica:

a) Problematización en la escuela sobre el origen de las cosas: no somos conscientes de lo que implica pulsar un interruptor y tener inmediatamente luz cuando ha caído la noche, ni lo que supone de producción e impacto medioambiental, demanda y aumento de consumo constante, costo e impacto de las infraestructuras, trabajo mercantilizado, explotación de trabajo, etc., etc. Para iniciar este proceso de problematización, podríamos comenzar con preguntas «generadoras» sencillas, utilizando el enfoque freireano (Freire, 2013). Es importante recuperar los interrogantes básicos de la crítica de la economía política (Osorio, 2016): ¿qué se produce?, ¿cómo se produce? y ¿para qué se produce?

b) Debates ético-políticos sobre un mundo sostenible y progresivamente decreciente: desarrollar en los centros educativos discusiones en torno a la economía extractivista, los megaproyectos que destruyen el medio natural, la fiscalidad ecológica, problematizar los subsidios a empresas contaminantes,[34] los sistemas de transporte, la producción y distribución de alimentos, las energías renovables, la gestión de residuos, el declive energético, la pérdida de biodiversidad, la sobreurbanización, el cambio climático, la contaminación, etc. Temas que en cada contexto adquieren su particular relevancia.

c) Desarrollar una ética ecológico-crítica: se trata no solo de problematizar lo cotidiano, debatir y argumentar, sino de tomar partido. Ante el actual «capitalismo cínico» de consumo sin medida, aquello de lo que hace gala Donald Trump («después de mí, el diluvio»), se necesita una ética fuerte de enfrentamiento, en primer lugar, al libertarianismo y al ecofascismo que proclaman que quienes se han apropiado de los recursos del planeta seguirán disfrutándolos sin medida, aunque eso suponga no solo el empobrecimiento de la inmensa mayoría sino la destrucción del propio ecosistema planetario y de la base material de subsistencia de las futuras generaciones. Pero también una ética fuerte de resistencia a la ideología neoliberal del consumo que nos ha adiestrado a vivir para consumir, y a identificar la felicidad con el deseo siempre insatisfecho de consumir nuevos productos, nuevas experiencias. Es necesario aprender a vivir de forma justa con lo necesario, aunque ello signifique renunciar a determinados placeres que pueden suponer el sufrimiento de otros. O dicho en palabras de Gandhi, aprender a vivir de forma más simple, para que los demás simplemente puedan vivir.

Radicalizar la cooperación: el apoyo mutuo

Una organización escolar democrática necesita basarse en la cooperación y no en la competición. La creación de responsabilidades compartidas y el intercambio de ideas, planes y recursos de forma horizontal y participativa en los centros educativos es crucial para poder avanzar en los proyectos acordados colectivamente. La educación se trata de un «proyecto común» y compartido entre una comunidad.

Al contrario de las percepciones sobre la naturaleza humana como *homo economicus* individualista, calculador, maximizador de beneficios y egoísta, que ha diseñado la lógica capitalista, agudizada por el libertarianismo, y que ha sido asumida por la extrema derecha, la especie humana realmente ha sobrevivido gracias a la cooperación y al apoyo mutuo, no a la competencia (Margulis, 2002).

Por lo anterior, consideramos como un elemento clave incorporar la filosofía de la cooperación y el apoyo mutuo en la organización educativa. No solo como una metodología de trabajo educativo, sino como un enfoque global de cómo abordar la educación en los centros educativos. Se trataría de un cambio de paradigma educativo hacia un modelo más inclusivo, solidario, democrático y comunitario.

¿Cómo impulsar una cultura de la colaboración en la dinámica del aula, del centro y de la relación con el entorno escolar y social? Esto implica establecer relaciones de confianza con el entorno, por lo que se necesita la cooperación frente al discurso inmunitario que extienden la extrema derecha y el neofascismo, basado en la inseguridad, el miedo y el recelo frente al otro diferente. Apuntamos algunas estrategias que pueden ayudar a avanzar en esta dirección.

Promover experiencias de asistencia y apoyo mutuo

Frente al discurso de odio y de intolerancia que promueve la extrema derecha, se trata de recuperar las experiencias de asistencia y apoyo mutuo que, desde la filosofía anarquista, podemos introducir en la dinámica escolar, tanto a nivel de aula como de centro, como en la relación entre familia y escuela o con el contexto social de los centros educativos. Se trata de organizar la acción educativa y las actividades de tal forma que el aprendizaje y la mejora individual fomenten y necesiten el apoyo colectivo. Veamos algunos ejemplos posibles para poner en práctica formas de asistencia y apoyo mutuo:

a) La tutorización compartida entre el alumnado: es una estrategia que permite dar apoyo al alumnado que acaba de llegar al centro y desconoce el contexto en el que se inserta; pero también para apoyar al estudiante que presenta dificultades de aprendizaje y la colaboración con otro compañero o compañera que pueda explicarle o ayudarle desde un lenguaje, una argumentación, una relación más cercana y asequible, esto puede facilitar su progresiva autonomía y crecimiento.

b) La proyección o impacto social de la acción educativa: se trata de que el proceso de enseñanza y aprendizaje tenga sentido y sirva de alguna forma para resolver o ayudar a dar soluciones posibles a los problemas, preocupaciones y necesidades del entorno. Esto requiere de la colaboración compartida en proyectos comunes tanto en el centro como con el entorno (barrio, pueblo, zona, etc.).

c) Trabajo comunitario cooperativo: otra de las medidas que podemos poner en acción es participar e incentivar desde la escuela la economía social y solidaria o el trabajo cooperativo, recuperando propuestas y prácticas como el «tequio» mexicano, la «hacendera» castellana o el «mutirão» brasileño, mecanismos de trabajo colectivo no remunerado que los vecinos y vecinas aportan a su comunidad. Implicar al centro en esta dinámica de cuidado compartido de lo que es común es una forma práctica de experimentar la responsabilidad compartida que tenemos con nuestro entorno y con quienes lo habitamos. Es aprender a poner en práctica el bien común.

Cooperación docente y aprendizaje mutuo

No podemos educar a la juventud en cooperación si no cooperamos entre las personas adultas. Los docentes y las familias debemos aprender a cooperar entre nosotros y de forma conjunta. Desde nuestro ejemplo podemos pedir a los demás que también lo hagan, con nuestro compromiso activo seremos modelo y referente de aquello que pretendemos. Es una de las claves para generar una auténtica comunidad de aprendizaje que impulse un proyecto conjunto. Algunas propuestas para llevarlo a cabo son las siguientes:

a) Tutorización del profesorado novel: entrar en clase unos de otros, para aprender y compartir la experiencia docente, es una fuente de enriquecimiento y aprendizaje sobre la propia labor profesional. Esta tutorización con el profesorado que empieza en un centro y desconoce la realidad del mismo es clave para que se sienta apoyado y se normalice una praxis de cooperación docente.

b) Aprendizaje permanente compartido: no solo con el profesorado novel. Convertir en una dinámica habitual entrar en clase de colegas para aprender y mejorar conjuntamente. Pero también generar espacios y tiempos para poder discutir proyectos y programas que se van a desarrollar, hacer salidas de convivencia que nos acerquen y nos permitan compartir momentos informales, plantear acciones conjuntas con la comunidad, coordinarnos de forma habitual con las familias, facilitar que estas entren en el centro y participen en la docencia y en las actividades escolares y extraescolares, etc. Todas estas son formas de cooperación y aprendizaje mutuo que facilitan ir creando progresivamente un «lenguaje común» entre la comunidad educativa que mejora la comunicación y el trabajo conjunto, que nos ayuda a construir una visión compartida, a configurar un proyecto común que nos pueda ilusionar y una acción colectiva que muestre en la praxis lo que es la cooperación y el aprendizaje mutuo.

c) Habilitar mecanismos de solución de problemas y conflictos de forma pacífica a través de la mediación tanto con estudiantes como con docentes.

d) Demandar que la inspección o supervisión educativa priorice su función de apoyo al profesorado, y no se circunscriba únicamente a la de evaluación y control. El profesorado debe ser apoyado y respaldado en su labor docente, no solo por su equipo directivo y por sus compañeros y compañeras, sino también por la administración educativa. El apoyo mutuo debe regir esta relación.

Hacia una educación lenta y reflexiva

La aceleración del tiempo bajo el capitalismo contemporáneo ha llegado también a la escuela. Una tendencia que está siendo profundizada por el avance de la extrema derecha, para quien mecanismos como el emprendimiento, la competencia, los exámenes y la memorización tienen realmente como finalidad construir en las escuelas un régimen de presión y consecución de resultados medibles. No un aprendizaje reflexivo, crítico y en profundidad. Por eso siguen defendiendo desde temarios inacabables, que someten a profesorado y alumnado a un estrés permanente por concluir los contenidos, hasta la presión por los resultados de los exámenes o el estrés constante por el imperativo de la eficiencia educativa.

Considerado esto, planteamos en la organización educativa la recuperación de una «pedagogía lenta y reflexiva». Necesitamos tiempos y espacios de enseñanza y aprendizaje que respondan a las necesidades vitales de los y las estudiantes. Solo así podremos atender a la diversidad de forma calmada y con capacidad para escuchar y comprender los diferentes ritmos de aprendizaje y desarrollo; dar participación al alumnado en su proceso de aprendizaje para que este sea profundo, lo puedan dotar de sentido y arraigue firmemente; poder desarrollar un aprendizaje cooperativo y democrático en donde haya tiempo para el diálogo, el debate, la resolución de conflictos, la mediación, etc.

Solo así podremos tener tiempo para educar en valores de forma consciente y deliberada; tener momentos sosegados para trabajar desde la «pedagogía del error» (donde haya tiempo para aprender de los errores y buscar alternativas de forma compartida); para poder plantear una evaluación como mejora y no como sanción, incluso dando espacios a la autoevaluación y la coevaluación, de tal forma que ayude a la reflexión crítica sobre las contribuciones propias y ajenas. Así como establecer un tiempo pausado para aprender y enseñar, que permita procesos de reflexión profundos, de investigación a largo plazo y de comprensión serena.

Una educación «lenta y serena»

Una auténtica «educación lenta y serena» permitirá dar más oportunidades tanto al alumnado como al profesorado y a la comunidad educativa en general para encontrar sentido en lo que se hace en las clases y, además, facilitará involucrar realmente al alumnado en el viaje apasionante que es el aprendizaje. Se trata de evitar que el deseo de aprender, que todo niño y niña tiene con su curiosidad insaciable en los primeros años, se transforme en afán de aprobar los exámenes a medida que van pasando los cursos. Pasar de hacerlo porque toca a aprendizajes de esos que servirán para toda la vida. Estas son algunas propuestas para plasmar en el día a día de la escuela esa educación lenta y serena:

a) Un ocio sano y menos «deberes para casa»: los estudiantes a veces tienen una «jornada laboral» excesivamente larga. Entre los deberes, las actividades extraescolares, el trabajo en casa o fuera, etc., a veces no tienen ni siquiera tiempo para tener ocio o disfrutar del juego. El derecho al ocio es una necesidad y especialmente en la infancia. Hablamos de un ocio sano cuando nos referimos a un tiempo libre que no esté inducido por el consumismo o regulado por las redes sociales, sino que les permita otras formas de estar, relacionarse y realizarse personal y colectivamente, como el encuentro con los amigos y amigas, un tiempo también sosegado, que incluso pueda suponer aburrimiento, puesto que necesitamos aprender a tolerar el aburrirse, ya que la vida no es ni debe ser una sobreestimulación constante de sensaciones y experiencias.

b) Tiempo docente de trabajo conjunto: la docencia no es solo lo que se hace en el aula. La docencia hay que prepararla, evaluarla, hacer un seguimiento del proceso de enseñanza y aprendizaje desarrollado, etc. Se necesita organizar y articular tiempos y espacios para que el profesorado pueda hacer esto de

forma conjunta y con tiempos amplios para hacerlo
serenamente. Reuniones de evaluación apresuradas,
preparaciones de clase de forma estresada o atención a la diversidad por los pasillos del centro o bajo
presión son factores que conllevan el deterioro progresivo de los procesos de aprendizaje y enseñanza.

Por una política educativa en defensa de lo público y el bien común

Aunque consideramos que las estrategias planteadas hasta ahora resultan cruciales para poder frenar el avance de
la extrema derecha en educación, para constituir una plataforma educativa antifascista entre las comunidades educativas y caminar hacia la democratización de nuestros
espacios escolares y, en definitiva, apostar por una educación para el bien común, estas estrategias requieren también verse apoyadas e impulsadas por un conjunto de
cambios a nivel de política pública en educación.

La lucha contra la extrema derecha y la lucha antifascista se hace desde la escuela, pero también las políticas
públicas son un espacio de disputa para el que hemos elegido representantes que deben apoyar las líneas estratégicas que garanticen el derecho a la educación para todos y
todas en igualdad de oportunidades y con justicia de resultados, es decir, de acuerdo a lo que es el «bien común».
Como decía Karl Marx (1977) en su *Crítica al Programa de
Gotha:* «de cada cual, según sus capacidades, a cada cual,
según sus necesidades».

No podemos olvidar que la escuela y la educación en
general no pueden convertirse en el cubo de basura donde descargamos todas las responsabilidades de cambio y
mejora ante cualquier problema social. No es la escuela

sola la que le pondrá la barrera al crecimiento de la extrema derecha y al neofascismo. Pero la escuela es un lugar estratégico para generar y consolidar procesos políticos y sociales de conformación de una política radicalmente democrática. En la educación tiene lugar la disputa por el presente y el porvenir, y quizás es la instancia donde más claramente puede ilustrarse el conocido proverbio africano de que «se necesita a toda la tribu para educar a uno solo de sus miembros».

En este sentido, hemos de ser conscientes de que se necesitan también condiciones materiales que hagan posible las propuestas educativas que anteriormente hemos ido desgranando. Aunque en contextos democráticos debería haber voluntad política para atender esas condiciones materiales, y destinar nuestros impuestos a financiar los medios y recursos suficientes para poder garantizarlas, lo cierto es que con demasiada frecuencia parece que hay «otras prioridades». En el Norte global vemos cómo hay un incremento exponencial de financiación para la guerra,[35] y en el Sur global se han destinado los recursos públicos en gastos como pagar la deuda externa, muchas veces «ilegítima».

En este marco, es necesario exigir a nuestros gobernantes que tengan la «voluntad política» suficiente para que la educación sea una prioridad. Los gobernantes, como representantes de toda la ciudadanía que los ha elegido, tienen la obligación política y legal de garantizar los derechos de su población. Esto tienen que plasmarlo en leyes que reduzcan las ratios y garanticen recursos y medios para poder desarrollar una educación inclusiva. Tienen que dotar de profesorado suficiente a todas las escuelas públicas y dar condiciones de seguridad a las comunidades educativas. Asimismo, apoyar a las zonas rurales más olvidadas o donde haya un número muy pequeño de alumnado, pero que también tiene derecho a una educación en su territorio. Es decir, la prioridad esencial de una política por el bien común se plasma en hechos y no en intenciones o programas que no se cumplen.

Supresión de políticas promercado

Una de las primeras y esenciales medidas en política educativa es la reversión de las medidas de privatización que, impulsadas en tiempos del neoconservadurismo, se institucionalizaron gracias al consenso promercado de gobiernos neoliberales y de la «tercera vía», tanto en el Norte como en el Sur globales. Esto permitió que, aunque en distinto grado e intensidad, en los sistemas educativos operaran políticas de promoción del sector privado en la educación, ya fuera en el nivel de la matrícula, el financiamiento a la oferta o la creación de cuasimercados. También la privatización se operó a nivel de gobernanza del sistema educativo con la creación de nuevos espacios de toma de decisiones, que condicionaron las reformas educativas trasladando la representación de la sociedad civil fundamentalmente al sector privado (Jarquín Ramírez, 2021). El avance de la extrema derecha significa de hecho su potenciación, como se está constatando en diversos países.

Aunque los elementos mercantilizadores han formado parte del «paquete educativo» del neoliberalismo, la forma de presentarse ha cambiado, particularmente con la articulación global de la actual extrema derecha. Si el neoliberalismo de los años noventa planteaba las políticas de mercado como una solución a problemas específicos (gasto público, deficientes resultados, excesiva burocracia), actualmente la extrema derecha presenta las propuestas de mercantilización educativa a partir de una argumentación ontológica: el mercado en la educación no viene a solucionar problemas derivados de la ineficiencia de los esquemas estatalizados… el mercado en educación ahora significa el retorno a la «condición natural» del ser humano, para ellos, como *homo economicus.*

Consideramos que el horizonte hacia el que tenemos que caminar como sociedad que busca y pretende el bien común es que toda la educación sea pública, garantizada por la comunidad social. La educación pública es la única que puede ser plural, democrática y orientada al bien común, que no segregue al alumnado por condición social o capital cultural (aunque, lamentablemente, no siempre es así). Además de que es una educación que, en principio, garantiza al profesorado libertad en su práctica educativa y a la comunidad educativa participación democrática en su gestión. Algo que contrasta con opciones privadas que por su propia condición no son democráticas puesto que pertenecen a un dueño que establece su interés (económico, ideológico, político, etc.), como los «conciertos educativos» en España, que son centros privados financiados públicamente, y que segregan al alumnado (el ochenta y dos por ciento de alumnado migrante, de minorías y con necesidades está en la pública), tienen «ideario» propio (es decir, ideología que condiciona el trabajo de los docentes) y limita la participación de la comunidad porque de hecho los dueños del centro son quienes deciden su gestión y se reservan el derecho de admisión.

Eliminar políticas de elección escolar

El derecho a la educación es un derecho del menor. Por eso todos los niños y niñas tienen derecho a disfrutar del mejor centro posible y de la mejor educación que la comunidad les pueda ofrecer. No se trata de elegir en un «mercado de oportunidades», sino de que, al margen de que un niño o niña «sea mío» (de mi progenie), aseguremos como comunidad social la educación para todos y todas sin dejar a nadie atrás. Esto supone oponerse tajantemente a la creación o mantenimiento de estructuras políticas de «libre elección» de centro educativo, de financiación pública de negocios educativos privados, o de sistema de «cheques o *vouchers* escolares» para destinar esos fondos a centros a elección del cliente. Todos estos mecanismos de privatización son una forma de alentar una «pedagogía del egoísmo», donde las familias se convierten en clientes que seleccionan los centros escolares en función de la clase social a la que aspiran a llegar y que consideran que les ofrecerán más «oportunidades de futuro» a los suyos. De hecho, son estas políticas el mayor factor de segregación educativa y social institucionalizada (Bernal Agudo y Vera, 2019; Rogero-García y Andrés-Candelas, 2017). Por ello se necesita valentía política para plasmar en la normativa educativa demandas históricas de la comunidad educativa como las siguientes:

a) Suprimir la financiación pública a opciones educativas de gestión privada: en España los «conciertos educativos», en Estados Unidos las «escuelas *charter*», en otros países con denominaciones y formas diversas. Lo cierto es que la educación no se puede concebir como un negocio. Sea ideológico (religioso) o económico. Y menos que se subvencione con dinero público. Lo cual permitiría dar pasos imprescindibles para avanzar en la supresión de la segregación escolar y social que mantienen y profundizan este tipo de centros educativos, en donde se impulsa una ideología que puede acabar nutriendo en buena parte las formaciones de extrema derecha o de derecha extrema.

b) Eliminar el cheque escolar o *vouchers:* pues, como se ha explicado anteriormente, son otra forma de privatización y sobre todo de mercantilización de la educación, donde se presenta la «libre elección» de centro al que destinar el cheque o *voucher* que da el Estado, como si fuera un gran supermercado de la oferta educativa. No solo porque impulsa el crecimiento de centros privados de élite que son financiados con dinero público, sino porque genera una mentalidad de cliente o usuario en vez de miembro de una comunidad educativa, de competición entre centros en vez de colaboración, y de buscar oportunidades de rentabilizar la inversión que se hace exigiendo resultados en vez de participar para mejorar las condiciones del centro que es parte de la comunidad social.

c) Priorizar lo público: es crucial que desde las políticas públicas se construya un marco de revalorización positiva de lo público. Esto implica impulsar estudios, informes y campañas que ofrezcan razones y argumentos sobre por qué lo público es lo de todos y todas y para todos y todas. En vez de impulsar lo privado, como con demasiada frecuencia se hace, las administraciones educativas deberían apoyar el prestigio de lo público ante la sociedad y asegurarlo con financiación para que sea una realidad.

Consolidar espacios de representación ciudadana democrática en la toma de decisiones

Algunos países suelen tener instancias de coordinación educativa nacional, con distintos actores. Suelen denominarse consejos nacionales o foros de consulta. No obstante, a menudo tales espacios se conforman con actores privados que buscan su interés en la política pública y acaban convirtiendo estos espacios de deliberación en espacios de legitimación. Han conseguido incluso que en el argot oficial institucional global se denomine «gobernanza» o «colaboración público-privada». De tal forma que la representación democrática ciudadana se acaba convirtiendo en una «ciudadanía corporativa» que, usurpando el espacio popular, representa más bien los intereses del capital. Por eso es necesario redemocratizar esos espacios para que dejen de ser entidades burocráticas con otras finalidades que nada tienen que ver con el bien común y que no fomentan lógicas participativas respecto a las decisiones importantes en las que se tomen en cuenta las voces habitualmente marginadas del espacio público. Para ello se necesita:

a) Institucionalizar consejos educativos democráticos en diferentes niveles de gobierno que tengan capacidad de decisiones vinculantes: en donde participen representantes electos de todas las instancias de la comunidad educativa (profesorado, estudiantes, familias, al menos) y que las decisiones se tomen por consenso mayoritariamente y por votación, en caso de desacuerdo grave.

b) Fomentar la creación de organizaciones sociales y civiles que se impliquen en la toma de decisiones en educación: se necesita que el profesorado y las familias, así como los estudiantes, se organicen y puedan participar de forma institucional en los procesos de toma de decisiones en educación. El profesorado tiene a los sindicatos, pero más como organizaciones que se supone que defienden sobre todo sus derechos laborales, pero los estudiantes y las familias solo cuentan con organizaciones débiles y poco reconocidas por las administraciones educativas (sindicatos de estudiantes, asociaciones de madres y padres, etc.). Por otro lado, también las administraciones educativas deberían facilitar la creación y dotar de recursos a la organización participativa de todos los actores sociales en educación porque es una forma de garantizar la democracia educativa.

Apoyar proyectos educativos alternativos, anticapitalistas

Un dilema permanente entre las izquierdas es la decisión respecto a la disputa por el Estado o la autonomía. Es decir, si la opción es impulsar cambios dentro del espacio democrático o, más bien, crear alternativas fuera del espacio público controlado por el poder estatal. En educación consideramos que ambas opciones son compatibles, siempre teniendo en cuenta que la mirada debe ser el bien común y que la mejor educación posible tiene que ser para todos y todas, no quedarse solo en una experiencia aislada, que puede ser maravillosa pero solo llega a un grupo concreto.

Por lo tanto, una de las políticas públicas que se debe impulsar desde el ámbito educativo es apoyar, acompañar y ofrecer posibilidades de llevar a cabo experiencias y propuestas alternativas que traten de poner en práctica aquellos valores y principios anticapitalistas, antineoliberales, antifascistas, antipatriarcales y antilibertarianos, que se plantean como necesarios para una «educación otra». Experiencias que deberían ser faros en el horizonte de lo posible y lo pensable. Referentes que ayuden a encaminar al resto de las comunidades educativas hacia la educación para el bien común que se pretende.

Lógicamente, sabemos que toda propuesta implica un riesgo. Y que estas opciones pueden dar lugar a «experimentos» contrarios a lo que se pretende, o experiencias efímeras que dependen a veces de un liderazgo carismático y que desaparecen en el momento que este no está, o que incluso se deterioran y burocratizan con el paso del tiempo, o que las dificultades del contexto son tan arduas que no se acaban llevando a cabo. Pero si no soñamos en lo posible, difícilmente conseguiremos lo probable. Tenemos que atrevernos a soñar. La utopía justamente sirve para eso, para avanzar. Y soñar lo posible pasa por poner en práctica medidas y propuestas como las siguientes:

a) Fomentar experiencias autónomas de proyectos educativos radicales que muestren en acción otras formas posibles de educar y de construir una comunidad de aprendizaje y enseñanza más allá de las formas tradicionales inscritas en el capitalismo.

b) Crear un repositorio público de buenas experiencias educativas que sistematice y dé a conocer las experiencias que se están realizando y pongan en valor las iniciativas que se llevan a cabo, para que también puedan servir de referencia para otros centros educativos.

c) Flexibilizar la burocracia administrativa en la política educativa, que permita desarrollar este tipo de experiencias con apoyo público en vez de trabas o tantos requerimientos y trámites.

Financiar una educación pública, gratuita e inclusiva

Para garantizar una educación pública, gratuita, plural, diversa, inclusiva, que no responda a intereses económicos o doctrinarios privados sino al bien común, debemos financiarla de forma adecuada y suficiente. Financiarla y gestionarla públicamente, porque toda financiación o gestión privada conlleva intereses (influencia, control, desgravación fiscal, imagen, obtención de beneficios, etc.). La financiación pública, en función de los impuestos que paga la ciudadanía, es la forma que tiene la comunidad social de garantizar que todos los niños y las niñas puedan acceder a un derecho fundamental como es la educación de forma gratuita. Algo a lo que se opone la extrema derecha, que solo quiere garantizar una educación gratuita «para los nuestros» (que son «el no migrante», «el blanco», «el occidental», … en el Norte global).

Para poder asegurar los recursos necesarios en la educación pública es imprescindible que haya una «ley de financiación» del sistema educativo y mecanismos de vigilancia efectiva que velen por su correcta aplicación. Una financiación suficiente, y casi podríamos decir que «escandalosa», frente a los reiterados escándalos de financiación a la corrupción o a la evasión fiscal. Una financiación que cubra desde la educación infantil hasta la superior, en sus diferentes etapas y modalidades. Además de «blindar» esta financiación en las constituciones de cada país para evitar vaivenes y drásticos recortes presupuestarios, con pretextos como la crisis económica que es cíclica en el capitalismo, o el control del déficit público, o el aumento del gasto militar, etc.

Blindar un «suelo mínimo» de financiación a la educación pública

Se trata de que bajo ninguna circunstancia la financiación de la educación pública baje de un «suelo mínimo», que realmente muestre que es una prioridad en la agenda política del país y de las administraciones regionales y locales.

Hay un dicho que refleja lo que realmente supone una prioridad en términos políticos: «dime dónde pones el dinero y te diré dónde pones el corazón». Si se apuesta por la educación pública y se afirma que se quiere garantizar el derecho a la educación sin exclusiones, la forma de demostrarlo políticamente es destinar el mayor presupuesto a lo que es la base del futuro de la especie: la educación (además de la sanidad).

Articular mecanismos de vigilancia y aplicación de la financiación pública

No puede ser que se destinen ochocientos mil millones de euros en el rearme europeo, con armamento para la muerte, mientras se recorta en las necesidades sociales y colectivas de la población (educación, sanidad, servicios sociales, pensiones, etc.). No puede ser que la prioridad sea la muerte, frente al bien común. No puede ser que la Europa de los mercaderes dictamine el futuro mientras la Europa de los pueblos queda marginada y olvidada. No puede ser que sigamos financiando el genocidio palestino con nuestros impuestos, con los impuestos de toda la población europea y norteamericana. El dinero público tiene que estar destinado exclusivamente para lo público, para el bien común y para dotar de los recursos necesarios la puesta en práctica de los derechos humanos.

La educación pública y laica, como derecho humano que es, debe ser gratuita. Y eso solo es posible si hay voluntad política para que sea posible, articulando medidas y prioridades, frente al rescate de bancos y fondos financieros o a los presupuestos para la muerte, como las siguientes:

a) Destinar al menos el siete por ciento del PIB de cada país a educación pública: ese suelo mínimo destinado a inversión pública educativa se tendría que establecer en todos los países, algo que ya están destinando una parte de los países que sí que parecen creer en la educación como Cuba, Bolivia, Suecia o Islandia.[36] Esta financiación se debería hacer a través de los Presupuestos Generales del Estado (PGE), detrayendo la financiación, si es necesario en su caso, de partidas presupuestarias destinadas a rescates bancarios, gastos militares, subvenciones a grandes empresas, exenciones fiscales, pago de deuda ilegítima, etc.

b) Aprobar en el Parlamento e introducir en la Constitución de cada país una fórmula para «blindar constitucionalmente» este suelo mínimo de porcentaje del PIB, para que independientemente del partido o del grupo político en el gobierno se destine esa partida de forma finalista a la educación pública.

c) Establecer mecanismos e instituciones especializadas en vigilar el cumplimiento y el destino de la inversión pública en educación.

d) Financiar una política de educación inclusiva con recursos: bajar las ratios de aula y por profesor/a conlleva aumentar la plantilla de profesorado, y eso requiere financiación. Adaptar los espacios también lo requiere. La formación del profesorado requiere recursos y medios. El apoyo de otros especialistas requiere contratarlos de forma permanente. Es decir, aunque la financiación no asegura por sí misma una educación inclusiva, sin ella es prácticamente imposible ponerla en práctica de una forma integral en la escuela.

Más allá del espacio escolar: disputar el «sentido común»

Aunque nuestra intervención se remite principalmente a la escuela y a la universidad, en tanto espacios de disputa democrática frente al crecimiento de la extrema derecha a nivel global, resulta evidente que la apuesta política por hacer retroceder a dichos grupos no se sitúa únicamente en la educación formal. El sistema educativo es un enclave estratégico de las fuerzas reaccionarias contemporáneas, pero no es el único. De hecho, la extrema derecha, en su batalla cultural ha apostado por una conquista del sentido común en distintos niveles de la sociedad: la escuela formal, los espacios públicos, los medios de comunicación y las redes sociales (comunicación que hoy en día constituye una esfera de influencia clave en la construcción del imaginario social), etc. Lo que estos grupos buscan es, en última instancia, disputar el modelo de sociedad, con el fin de mantener y profundizar el capitalismo neoliberal basado en el privilegio de unos pocos y el saqueo de la mayoría y del planeta, articulado con un conjunto de principios xenófobos, nativistas, patrióticos y de conservadurismo social.

De esta forma, la educación es una dimensión específica de una apuesta global por reformar el mundo: la batalla cultural. Su intención es llegar a construir un «sentido común» tan habitual en la sociedad que se dé por sentado y ni siquiera se plantee la posibilidad de discutirlo o cuestionarlo. O que, si se pone en cuestión, se considere a quien lo hace un radical extremista o un utópico que está en las nubes e incluso un loco delirante, a quien la extrema derecha suele calificar como «degenerado».

Por eso necesitamos conocer cómo se construyen estas narrativas y qué poder les confiere. En esta apuesta político-ideológica el lenguaje ha resultado fundamental. Porque las narrativas, los discursos, los relatos no solo venden productos o ideas: crean ideologías, colocan miedos, establecen la agenda sobre las prioridades en torno a lo que hablamos y lo que no. Y también, nos ayudan a imaginar otras realidades posibles. La extrema derecha ha entendido la importancia de los términos que se utilizan, de los regímenes de verdad que se construyen con las narrativas y la capacidad performativa de la «práctica discursiva» que impulsa a la acción. El lenguaje construye formas de ver y entender la realidad, por eso el lenguaje ha sido uno de sus territorios de conquista y apropiación.

Tanto en el ámbito educativo formal como en los procesos de significación que constituyen patrones de comprensión y experiencia del mundo, es posible identificar palabras malditas, preñadas de connotaciones negativas que llevan en sí el infortunio. Uno de estos términos es, por ejemplo, el de «inmigrante» o «inmigración». No son palabras que expliquen, ni siquiera que describan, la compleja realidad a la cual aluden. Son vocablos que construyen una determinada forma de ver un fenómeno en particular, pero a partir de la ideología que califica y connota el término. En este caso, de prejuicios y significados negativos cargados de connotaciones y estereotipos excluyentes.

Aunado a lo anterior, el proceder de la extrema derecha ha avanzado en dos instancias: a) la expropiación conceptual y la resignificación de los principios y valores atribuidos tradicionalmente a la izquierda, y b) la construcción de enemigos discursivos en distintos frentes (feminismo, migración, sindicatos, izquierda, ecologismo, etc.), que conforman lo que denominan el «marxismo cultural». Es decir, ha optado por crear un conjunto de ideas-fuerza respecto a lo que debe ser y lo que no debe ser el mundo, quién debe habitar en él y quién ha de ser desterrado, y ha construido también un discurso para caracterizar a individuos, grupos o tendencias políticas como peligrosas o indeseables contra las que hay que luchar.

Este conjunto de ideas-fuerza que ha movilizado la extrema derecha muchas veces se condensa en términos o vocablos simples que se convierten en lemas, en «términos ariete» que tienen como fin abrir grietas en los consensos de lo aceptable en una sociedad democrática. Una de ellas, quizás la más utilizada en la lucha política, es la noción de «libertad». La extrema derecha ha logrado resignificar su contenido, un fenómeno que pensadores como David Harvey (2020) ya habían advertido hace tiempo, pero que solo ahora comienza a ser parte de una discusión más recurrente.

Este fenómeno de la resignificación de este término es identificable en contextos tan distintos, por ejemplo, como España, Estados Unidos o Argentina. Líderes de todo el espectro de la extrema derecha de estos países, como Isabel Díaz Ayuso, Donald Trump o Javier Milei, justifican sus políticas afirmando que lo hacen en nombre de la libertad. Se suman así a toda una campaña de largo alcance que viene siendo impulsada desde hace años por redes libertarianas y *think tanks* globales como Atlas Network. Esta campaña ha usado el mantra de la «libertad» con distinta intensidad, forma y nivel en función de la coyuntura, como ariete ideológico de penetración neoliberal de la privatización de lo público desde la década de 1980. De esta forma la «libertad», un término que en el Norte global se considera un valor positivo, es utilizada para encubrir políticas de privatización, mercantilización y extractivismo capitalista.

Es más, una vez que la extrema derecha ha conseguido resignificar un concepto, lo utiliza como grito de batalla y como arma arrojadiza contra sus enemigos. Basta con nombrarlo (¡Viva la libertad, carajo!) para que sus políticas no necesiten ya más argumentación, ni razonamiento. Los discursos se llenan así de palabras y términos «mágicos», en una sucesión de lugares comunes y expresiones genéricas, que conectan con emociones y sentimientos y que impiden el análisis en profundidad de sus afirmaciones y la argumentación o el razonamiento sosegado. En esto consiste una de las estrategias de su batalla cultural, asediar al enemigo con términos genéricos que se han apropiado (patria, libertad, seguridad…) para justificar sus políticas y bombardear con frases retóricas y vacías, pero altamente emocionales, de tal forma que quien escucha se sienta inerme ante la avalancha de expresiones vacuas y frases grandilocuentes. Derrotar al enemigo por cercamiento y agotamiento.

La extrema derecha ha comprendido que, para disputar el relato, necesita también construir un «enemigo» común o un conjunto de enemigos a su medida. Si analizamos su narrativa política podemos ver que se suele estructurar en torno a tres elementos clave para movilizar a su audiencia:

a) Un antagonista claro, el enemigo a combatir: el «marxismo cultural» en el que engloba al feminismo, colectivos LGTBI, ecologismo, indigenismo, movimiento obrero, que, según ellos, buscan destruir los valores tradicionales y la economía. Este enemigo es el «culpable» evidente de la situación o problema en que se enmarca la narrativa: no son solo adversarios, sino una amenaza existencial para la civilización occidental.

b) Un conflicto emocional: algo que despierte miedo, enfado o indignación: «están adoctrinando a tus hijos en las escuelas con ideología de género» o «las minorías imponen sus privilegios sobre la mayoría silenciosa»; provocando la sensación de que «si no actuamos, perderemos todo» (adoptando un tono apocalíptico).

c) Un llamado a la acción: que nos impulse a actuar antes de que cambie todo o perdamos lo que tenemos: el «zurdo», el «mena» (menor no acompañado), el *woke,* el migrante, el terrorista, etc. «¡Esta es la última trinchera: o despertamos ahora o perdemos la cultura para siempre!».

Esta narrativa les funciona porque simplifica problemas complejos (por ejemplo, reduce desigualdades o conflictos sociales a una conspiración de élites), genera sentimiento de identidad y pertenencia al grupo (los seguidores se sienten parte de un «ejército» contra un mal común) y señala enemigos cercanos (no ataca estructuras sociales sino que señala a personas y grupos concretos: «feminazis», «migrantes») que son, por supuesto, parte de una gran conspiración globalista: el marxismo cultural, que sería ese «enemigo genérico», invisible, permanente y global. De esta forma, aunque su enemigo intente argumentar o dar respuesta incluso a las acusaciones de forma razonable se le hace imposible contrarrestar la intensidad de los ataques y la violencia verbal de la extrema derecha. Algo que se ha agudizado con la tecnología digital y en las redes sociales, convirtiendo algunas de ellas en lo que se denomina la «red del odio», refiriéndose a la red social X, propiedad de Elon Musk.

Estas formas de discurso narrativo las han convertido en una especie de «pedagogía popular reaccionaria» que «educa». Uno de sus principales canales de difusión son las redes sociales y su objetivo en las redes son sobre todo los jóvenes. Por eso es necesario generar medidas de contrainformación, análisis crítico y defensa frente a la manipulación de la extrema derecha.

En primer lugar, como educadoras y educadores hay que empezar por cuestionar la veracidad del mensaje y argumentar con hechos reales y datos contrastables; en ningún caso reaccionar solo con indignación. No se trata de confrontarles dentro del marco mental de su propia narrativa («el feminismo no odia a los hombres», «los inmigrantes no traen delincuencia», «el comunismo no implica miseria para todos»), sino cuestionar de forma crítica su marco narrativo cambiando el terreno de la disputa, el marco mental de análisis:

a) Reformular los conflictos en clave de aportaciones y posibilidades desde un enfoque positivo («el feminismo ha supuesto mayor igualdad y que todas las personas tengan los mismos derechos y oportunidades», «la migración ha aportado diversidad y riqueza cultural desde que existe el mundo, pues todos los seres humanos hemos migrado desde nuestros orígenes como especie», «el comunismo pretende el bien común, el reparto de los bienes de forma justa, una sociedad en donde todos tengan derecho a una vida digna y buena»).

b) Usar ejemplos de la vida de la gente: historias reales, en vez de datos estadísticos fríos, con experiencias concretas y que apelen a la experiencia cercana de los jóvenes («la historia de migración de un compañero

de clase pone en primera persona el dato estadís-
tico de más de quince mil jóvenes muertos en la inmensa fosa del mar Mediterráneo en la migración de
África a Europa»).

c) Reorientar la emoción de la indignación hacia la
empatía utilizando la regla de la inversión, poniendo, por ejemplo, el caso de un familiar que estuviera
en esa situación. Porque las narrativas de odio no se
deconstruyen solo con datos, sino con historias y
narrativas mejor elaboradas.

La educación es rizomática: se produce en todo tiempo
y lugar. No solo en el espacio formal de la escuela o la
universidad. Por eso la labor educativa debe ser constante
y global. Sin embargo, coincidimos en que las escuelas y
los actores que en ella operan comprenden un espacio estratégico esencial para impulsar políticas educativas que
eviten el crecimiento de la extrema derecha y la irrupción
del neofascismo, y que, al mismo tiempo, habiliten nuevas
formas de organización, distribución de recursos, reconocimiento de valores y prácticas educativas que mejoren la
educación, en beneficio de la sociedad. Lo que abordamos a continuación son líneas generales que se presentan
como urgentes. Deben ser discutidas situadamente, des-
menuzadas y articuladas en plataformas sociales, sindica-
les, políticas y culturales que integren también otros elementos de cambio.

Un llamado urgente a la acción

Las encuestas de 2025 en Europa, Argentina o Estados Unidos muestran un auge de la extrema derecha entre los jóvenes, sobre todo hombres. En la región española de Cataluña, la última encuesta de opinión revelaba la creciente desafección por los valores democráticos en los jóvenes de entre dieciocho y veinticuatro años: un treinta y seis por ciento de jóvenes no rechaza un régimen autoritario frente a uno democrático. El viraje en esta guerra cultural ha sido radical: cuando se iniciaron las encuestas en Cataluña hace más de treinta años, precisamente la intención de voto más progresista se encontraba en las edades más jóvenes (dieciocho a veinticuatro años).

La juventud es ahora también el terreno de conquista de las organizaciones de extrema derecha. Son el público y el área de influencia a la que miran los líderes porque son los votos del presente y, sobre todo, del futuro. A través de las estrategias que hemos analizado pretenden convertir sus «ideas» en sentido común. De esta forma están tratando de reconvertir a una parte de la juventud en una caricatura «antisistema» que amalgama los peores vicios del «capitalismo de esteroides», del libertarianismo e incluso del conservadurismo más rancio, que tienen en común el rechazo a la justicia social y al bien común.

En una relectura cuasileninista la extrema derecha utiliza las condiciones objetivas que sufren los jóvenes actualmente (precariedad, inseguridad laboral, incertidumbre de cualquier proyecto vital, falta de vivienda, aumento del coste de la vida, etc.) para construir las condiciones subjetivas de su «revolución antisistema reaccionaria». Lo cual constituye un caldo de cultivo para asumir discursos que en pos de la seguridad sacrifican derechos sociales.

Pero la razón de este auge de la extrema derecha no tiene que ver solo con la agenda del neofascismo. Tiene que ver también con las políticas realizadas por la «izquierda». Es lo que se ha denominado la «tragedia de la socialdemocracia». Porque la extrema derecha cuando llega al poder cumple lo que promete, «a sangre y fuego», como se ha visto en diferentes países. Mientras que la izquierda socialdemócrata incumple sistemáticamente lo que promete en sus programas electorales, argumentando de forma recurrente la «ausencia de una correlación de fuerzas» favorable. De hecho, los partidos socialdemócratas han sido quienes han aplicado los principios del neoliberalismo y las políticas de austeridad, de privatización de los servicios públicos, de desmantelamiento del Estado social. Es decir, han gestionado el capitalismo. Por eso la izquierda socialdemócrata que ha gobernado en diferentes países genera desconfianza y desafección.

Esto, a su vez, ha producido un proceso de «desideologización» de la política en las últimas décadas. Lo cual ha supuesto que, para la mayor parte de la población, no se perciban diferencias notables entre los partidos convencionales de izquierda y derecha, principalmente en cuestiones económicas. El discurso político de la izquierda es cada vez más pragmático y menos ideológico. Ante este vaciamiento ideológico y adopción del marco programático neoliberal por parte de los partidos socialdemócratas y una buena parte de la izquierda, proponemos construir desde la educación una política antifascista que vaya más allá del marco educativo para avanzar en un modelo político y social que dé esperanza y ofrezca un proyecto a las futuras generaciones que pueblan nuestras aulas.

Por eso, hemos planteado tres grandes bloques de propuestas para combatir a la extrema derecha desde la educación: desde el currículo, desde la organización escolar y desde la política educativa. Somos conscientes de que no es suficiente. Pero es el punto de partida para combatir la ideología neoliberal y la pedagogía del egoísmo que promueve y la insolidaridad a la que conduce: el cambio curricular conlleva «repolitizar» la educación, repensar los contenidos desde el antifascismo y la defensa del bien común; el cambio organizacional impulsa la construcción de una cultura de cooperación y radicaliza la democracia en acción en la educación; y la política educativa es la que permite garantizar las condiciones materiales para que una educación antifascista sea posible.

En definitiva, se trata de fomentar una cultura política que, partiendo de la escuela, avance hacia la sociedad. Necesitamos una «pedagogía antifascista» comprometida política y socialmente (Díez Gutiérrez, 2025). La educación es inseparable de la vida, del modelo social y político que queremos construir y defender. Es necesario que pasemos de una pedagogía crítica a una praxis crítica. Necesitamos tomar partido, sentirnos implicados, comprometernos con el sufrimiento de quienes nos rodean y poner en práctica una pedagogía más comprometida, que conecte las aulas de clase con los desafíos enfrentados por los movimientos sociales en las calles con objeto de repensar el injusto orden social actual y contribuir a reconstruir otro mundo posible.

Para ser demócratas hay que ser antifascistas. Para educar en valores democráticos, en el bien común y en derechos humanos debemos promover una educación radicalmente alternativa a la extrema derecha y al neofascismo. Y la escuela es un espacio privilegiado para educar en el bien común.

¡No pasarán!

Notas

1   Somos conscientes del profundo y rico debate epistemológico en torno a la caracterización de las derechas a nivel global y de su heterogeneidad (De la Torre, 2025; Mondon y Winter, 2020; Mudde, 2019; Norris y Inglehart, 2019). En este libro hemos elegido el concepto de extrema derecha recuperando a Pirro (2023), quien propone su uso en cuanto un concepto «paraguas» deliberadamente genérico, pero fundamentalmente significativo para caracterizar los crecientes vínculos entre todo un espectro de actores colectivos que van desde los iliberales-democráticos, que se presentan a elecciones, hasta expresiones directamente antidemocráticas, que convergen cada vez más en diferentes ámbitos, en estructuras de alianzas más o menos estables en su seno y que también comparten repertorios de acción comunes.

2   La expresión «¡No pasarán!» es un lema de resistencia y lucha política que se popularizó durante la guerra en España (1936-1939). Su origen y difusión están estrechamente ligados a la defensa de Madrid contra el avance de las tropas franquistas. La frase se atribuye a la líder comunista y feminista Dolores Ibárruri, «la Pasionaria», quien la pronunció en un discurso radiado el 19 de julio de 1936, días después del golpe militar de Franco: «¡No pasarán! ¡El fascismo no pasará!». Durante el asedio fascista a la capital, el lema se convirtió en un sím-

bolo de la resistencia republicana. Se pintó en muros, banderas y pancartas, asociado a consignas como «Madrid será la tumba del fascismo». Es un lema que se internacionalizó como símbolo antifascista. Fue usado en la resistencia francesa contra los nazis. También fue retomado en movimientos como Mayo del 68 o protestas contra dictaduras en América Latina (Chile, Argentina, etc.). Hoy, «¡No pasarán!» sigue siendo un grito de lucha contra la extrema derecha y en defensa de la democracia.

3   En España, colectivos de extrema derecha o integristas, como Abogados Cristianos y Hazte Oír, interponen denuncias utilizando el denominado pin parental para censurar la educación afectivo-sexual, la educación ante el cambio climático o simplemente en derechos humanos. En Estados Unidos, Moms for Liberty, también de extrema derecha, ataca al profesorado por los mismos temas. En México, la cadena de televisión TV Azteca, cuyo dueño es un empresario libertariano, mantiene una permanente campaña de acoso contra el magisterio mexicano, particularmente hacia la Coordinadora Nacional de Trabajadores de la Educación (CNTE).

4   La *Cartilla escolar antifascista* era un silabario editado por el Ministerio de Instrucción Pública y Bellas Artes, que acompañaba a los republicanos en el frente, durante la guerra en España, porque, según se aseguraba en la misma, con la educación también «se podía vencer al fascismo». En ella se sustituía el típico «mi ma-má me mima», por el «u-ni-dos ven-ce-re-mos al fas-cis-mo» (Luna, 2021).

5   «Primero vinieron...» es un poema escrito por el pastor luterano alemán Martin Niemöller (1892-1984). Trata sobre la cobardía de los intelectuales alemanes tras el ascenso de los nazis al poder y la purga que acometieron de sus objetivos escogidos, grupo tras grupo. La versión más conocida dice: «Cuando los nazis vinieron a llevarse a los comunistas, / guardé silencio, / ya que no era comunista. / Cuando encarcelaron a los socialdemócratas, / guardé silencio, / ya que no era socialdemócrata. / Cuando vinieron a buscar a los sindicalistas, / no protesté, / ya que no era sindicalista. / Cuando vinieron a llevarse a los judíos, / no protesté, / ya que no era judío. / Cuando vinieron a buscarme, / no había nadie más que pudo protestar».

6   El más rico tiene quince veces más probabilidades de ingresar a las universidades de élite (Ivy League) que el veinte por ciento más pobre; el sesenta por ciento de los préstamos estudiantiles son asumidos por mujeres; los afroamericanos deben un cuarenta por ciento más de préstamos que los blancos al graduarse; y los estudiantes del veinticinco por ciento más pobre tienen una tasa de graduación del treinta y siete por ciento, comparado con el setenta y dos por ciento del cuartil más rico (Hanson, 2025).

7 El *wokismo,* proviene de *woke* en inglés, vocablo que significa alerta ante las injusticias raciales o sociales. En el neolenguaje de la extrema derecha se utiliza como un «significante flotante» para englobar todo lo que se refiere a la educación en derechos de género, diversidad sexual, feminismo, antirracismo, ecología y justicia social que, según la extrema derecha, sirve para justificar la dialéctica opresor-oprimido. La «ideología *woke*» es el «cáncer que hay que extirpar», como aseveró Agustín Laje, asesor del presidente argentino Javier Milei, durante su discurso en el Foro Económico de Davos de 2025.

8 Según Slobodian (2024), los «radicales de mercado» *(market radicals)* son un conjunto de actores que promueven un capitalismo sin ningún tipo de control democrático.

9 Moms for Liberty es un grupo conservador estadounidense fundado en 2021 que se opone a políticas educativas progresistas, especialmente en temas de diversidad sexual, género y «teoría crítica de la raza».

10 La teoría crítica de la raza es un marco teórico interdisciplinario que aborda el racismo estructural presente de forma interseccional desde las estructuras legales, políticas, culturales y sociales, más allá de prejuicios individuales.

11 La «batalla cultural», término difundido por Agustín Laje, uno de los iconos de la extrema derecha, consiste en combatir lo que él considera la «hegemonía progresista» en la sociedad, especialmente en ámbitos como la educación, los medios de comunicación y las políticas públicas, promoviendo en su lugar valores tradicionales, neoliberales o libertarianos en lo económico y radicalmente conservadores en lo social. Es una especie de readaptación de forma inversa de las ideas gramscianas sobre la hegemonía ideológica y la guerra de posiciones.

12 La manosfera (contracción de *man* y *esfera*), que en España se ha denominado también «machosfera», es una red de sitios web, blogs y foros en línea que reivindican el retorno a la masculinidad tradicional más patriarcal, la hostilidad hacia la igualdad con las mujeres o incluso la misoginia, y una fuerte oposición al feminismo de la igualdad, difundiendo postulados antifeministas y sexistas. En ella se utiliza el miedo para crear una oposición a cualquier movimiento progresista y, a su vez, equipara los logros en igualdad al sacrificio o al daño a los hombres. La manosfera está vinculada políticamente con la extrema derecha y la derecha *Alt-Right*.

13   Libertarianismo: aunque en los medios de comunicación se ha difundido el término «libertario», utilizamos el término más preciso de «libertarianos» o «libertarianismo» para diferenciarlo del movimiento libertario de orientación anarquista. El libertarianismo tiene un programa conformado por los autores centrales de la Escuela Austriaca de Economía, como Ludwing von Mises, Friedrich Hayek o Murray Rothbard, así como figuras como Ayn Rand o Robert Nozick, autores contemporáneos como Hans-Hermann Hoppe o Jesús Huerta de Soto, o autores «clásicos» como Henry Hazlitt o Lysander Spooner. Pretenden «superar» el orden social actual, pero consolidando el capitalismo más radical (radicales de mercado) en todos los ámbitos de la vida donde la libertad (económica) sea considerada como no interferencia del Estado frente a los intereses privados, donde lo público sea privatizado y donde los avances en derechos sociales de las clases trabajadoras tras la Segunda Guerra Mundial sean negados, reduciendo el Estado a lo mínimo (Jarquín Ramírez, 2025).

14   Proyecto transnacional de grupos, intelectuales y *think tanks* de derecha y extrema derecha que promueven una agenda libertaria.

15   Director ejecutivo de la Friedman Hayek Center for the Study of a Free Society y miembro de The Mont Pelerin Society.

16   «Las ideas del filósofo brasileño Paulo Freire invadieron las escuelas. Su pedagogía consiste en enseñar a los niños a sentirse oprimidos por el sistema capitalista, para generar una emoción, con el objeto de poner en movimiento la lucha de clases que los liberará "colectivamente"» (Solanet, 2022: 187).

17   Estrategias de «gobierno a distancia»: sistemas de evaluación del profesorado por rendimientos, ránquines competitivos de centros en función de los cuales obtener financiación, etc.

18   Las *escuelas charter* o *charter schools* son centros educativos de gestión privada, financiadas con dinero público pero operadas por empresas y organizaciones privadas, que pueden cerrarse si no cumplen determinados estándares o no obtienen los resultados establecidos.

19   El *voucher* educativo supone financiar a la demanda del consumidor individual, no financiar las necesidades de las escuelas, que «elige» el centro o escuela donde llevar o invertir esa financiación.

Generando un mercado competitivo entre las escuelas por atraer la demanda de los clientes. Es una forma de privatización y mercantilización de los sistemas educativos.

20 Bajo este esquema de financiamiento, las que se denominan «buenas escuelas» pueden atraer a mayor porcentaje de alumnado, lo cual supondrá una mayor financiación, y con ello prosperidad; en contraste, las escuelas de calidad inferior, al no ser demandadas por las familias, no recibirán financiamiento y como efecto de ello deberán cerrar o mejorar para poder competir en el mercado educativo. Para los libertarianos las escuelas privadas y gestionadas como empresas gozan de mayor eficiencia cuando se trata de producir beneficios privados. En contraste, dado que las escuelas públicas son monopolios estatales y no están sujetas a competencia, no tienen incentivos para mejorar.

21 Hace referencia al supuesto desajuste entre lo que la escuela ofrece y lo que el mercado demanda.

22 El pin parental es una medida impulsada por la extrema derecha para controlar los contenidos que recibe el alumnado en los centros educativos por parte de sus familias y que puede suponer denuncias al profesorado y a los centros.

23 «Guerra judicial» que pretende controlar a los actores educativos a través de demandas judiciales.

24 La Conferencia Política de Acción Conservadora (CPAC, por sus siglas en inglés) es el principal evento anual de la derecha y extrema derecha a nivel mundial, organizado por la American Conservative Union (ACU). Reúne a líderes conservadores y de extrema derecha, activistas, medios afines y *think tanks* para definir estrategias y promover una agenda ultraconservadora a nivel nacional y global.

25 Grupo parlamentario del Parlamento Europeo de extrema derecha. Fundado tras las elecciones europeas de junio de 2024, se ha consolidado como la tercera fuerza en el Parlamento Europeo, con ochenta y seis eurodiputados de trece países diferentes. Promueve la defensa de la soberanía nacional, la oposición al superestado europeo, políticas antiinmigración, oposición a las políticas climáticas promovidas por la UE y promoción de valores tradicionales «basados en raíces judeocristianas y grecorromanas».

26 La teoría conspirativa del «gran reemplazo» sostiene que élites globalistas (como gobiernos progresistas, la ONU o financieros como George Soros) promueven la inmigración masiva y la baja natalidad de la población blanca para reemplazarla demográficamente con grupos no blancos, destruyendo así la identidad y cultura occidental.

27   La ventana de Overton es un concepto que describe cómo ideas inicialmente radicales pueden volverse aceptables mediante la repetición mediática (normalización discursiva), la «moderación» falsa (ejemplo: «solo queremos debate») y las crisis reales o inventadas que justifiquen medidas extremas. Por ejemplo, introducir gradualmente el nacionalismo excluyente (mediante la repetición mediática de la «defensa de la identidad»), manejar una estratagema de moderación falsa (argumentar la necesidad de «ley y orden») y finalizar con medidas de negación de derechos de las personas migrantes (estableciendo que son «derechos para los nuestros»).

28   Nos referimos con «pedagogía pública» a las estrategias de comunicación y «educación social» que emplea la extrema derecha para generar un clima social propicio a sus ideas y una normalización de sus postulados. Utilizando de una forma extraordinaria los mensajes simples, emocionales y con una alta carga simbólica, así como las redes sociales, para llegar a la sociedad y especialmente a los jóvenes.

29   El término «micromachismos», planteado originalmente por Luis Bonino, ha sido cuestionado como término que se refiere a formas de machismo «pequeñas o micro», porque no son pequeñas ni micro; por eso algunas autoras utilizan el término de «machismos cotidianos» para aludir con más precisión a esas actitudes machistas más sutiles, que no tienen tanta visibilidad y que a veces pasan «desapercibidas» en la vida cotidiana de las aulas.

30   La «memoria histórica democrática» es un concepto que hace referencia al proceso de recuperación, preservación y difusión de la memoria colectiva sobre los periodos, luchas y valores democráticos, especialmente aquellos vinculados a la resistencia contra regímenes dictatoriales, la defensa de los derechos humanos y la construcción de sociedades con libertad y justicia social. Está asociada a la reivindicación de las víctimas de las dictaduras, buscando garantizar verdad, justicia, reparación y garantías de no repetición. Esta memoria no solo honra el pasado, sino que también sirve como herramienta pedagógica para fortalecer los valores democráticos en el presente y futuro, evitando la repetición de atrocidades y promoviendo una ciudadanía crítica y comprometida con la democracia y la igualdad.

31   *Check and balances* hace referencia a una política de «contrapesos» en la relación entre los poderes.

32   En este ámbito consideramos también que debemos impulsar una educación para la justicia fiscal que persiga el fraude, la evasión de impuestos y los paraísos fiscales que cuestionan de raíz la democracia. Esta es la educación «financiera» que necesita nuestro alumnado y no aprender a conocer productos financieros, invertir y especular en la bolsa, como propone el libertarianismo. Necesitan aprender por qué es necesario instaurar una banca pública estatal y bancos públicos regionales para apoyar la inversión en empleo como desarrollo social e impedir los abusos de la banca privada.

33   Las tierras raras son elementos esenciales estratégicos para la tecnología avanzada y la transición energética cuya extracción es compleja porque suelen estar dispersas y mezcladas con otros minerales.

34   Según una investigación del Fondo Monetario Internacional (FMI), los subsidios públicos a los combustibles fósiles en 2022 alcanzaron un récord histórico: siete billones de dólares. Los autores muestran que los subsidios al petróleo, al carbón y al gas natural están costando el equivalente al 7,1 por ciento del producto interno bruto mundial. Es un porcentaje superior al que los gobiernos asignan anualmente a la educación (4,3 por ciento del ingreso mundial) y en torno a dos tercios de lo que destinan a la atención sanitaria (10,9 por ciento) (Black *et al.,* 2023).

35   Entre 2021 y 2024 el gasto total militar de los Estados miembros de la UE aumentó más de un treinta por ciento. Es más, la presidenta de la Comisión Europea, Ursula von der Leyen, presentaba en marzo de 2025 un plan de rearme de ochocientos mil millones que recortarán los fondos de educación, sanidad y servicios públicos.

36   Véanse los datos publicados por el Banco Mundial (2023).

Bibliografía

Apple, M. (2004). *Ideology and Curriculum*. Nueva York: Routledge.

Banco Mundial (2023). «Gasto público en educación, total (% del PIB)». *Grupo Banco Mundial*. https://bit.ly/4loiJDm.

Bernal Agudo, J. L. y Vera, C. (2019). «La elección de centro como mecanismo de segregación social». *Revista Fuentes,* 21(2), pp. 189-200.

Black, S., Parry, I. y Vernon, N. (2023, agosto 24). «Fossil Fuel Subsidies Surged to Record $7 Trillion». *IMF Blog*. http://bit.ly/463oSz7.

Bourdieu, P., Chamboredon, J. C. y Passeron, J. C. (2002). *El oficio de sociólogo*. Buenos Aires: Siglo XXI.

Bray, M. (2019). *Antifa. El manual antifascista*. Madrid: Capitán Swing.

Camazón, A. (2024, febrero 26). «Abascal acusa de "totalitarismo" a la Universidad de Salamanca y el rector le responde: "Demuestra una irresponsable ignorancia"». *elDiario.es*. https://bit.ly/45YHvTQ.

Carvajal, A. (2019, septiembre 16). «Vox rechaza condenar el franquismo y propone en el Congreso derogar la Ley de Memoria Histórica». *El Mundo*. https://www.elmundo.es/espana/2019/09/16/5d7f7adcfc6c835e208b4629.html.

Cascante, C. (1997). «Neoliberalismo y educación (el futuro que ya está presente, que nos preparan)». *Utopías,* 172, 15-36.

Da Silva, F. (2021, julio 13). «Militarización de las escuelas en Brasil: una amenaza al proceso educativo y a la democracia». *Otras Voces en Educación.* https://bit.ly/4jgB5F2.

De la Torre, C. (2025). *Populism and Fascism.* Cambridge: Cambridge University Press.

Díaz, V. (2023). «La juventud ante la extrema derecha». *Tiempo de Paz,* 151, pp. 96-103.

Díez Gutiérrez, E. J. (2020). *La asignatura pendiente.* Madrid: Plaza y Valdés.

— (2025). *Pedagogía antifascista.* Barcelona: Octaedro.

Enos, R. y Levitsky, S. (2025, marzo 14). «First They Came for Columbia». *The Harvard Crimson.* https://bit.ly/3E9hSFY.

Foucault, M. (2007). *El nacimiento de la biopolítica. Curso en el Collège de France (1978-1979).* Ciudad de México: Fondo de Cultura Económica.

Freire, P. (2013). *Por una pedagogía de la pregunta. Crítica a una educación basada en preguntas inexistentes.* Buenos Aires: Siglo XXI.

Grésillon, B. (2025). «Cuando la extrema derecha se lanza a por los jóvenes. Alternativa para Alemania (AfD) llena un vacío político en el este del país». *Le Monde Diplomatique en Español,* 351, pp. 6-7.

Hanson, M. (2025, febrero 18). «Student Loan Debt by Race». *Education Data Iniciative.* https://bit.ly/44qpPB8.

Harvey, D. (2020, octubre 10). «David Harvey: Socialists Must Be the Champions of Freedom». *Jacobin.* https://bit.ly/4cvGTrB.

Hayek, F. (2020). *La fatal arrogancia.* Madrid: Unión Editorial.

Healy, K. (2017). «Fuck Nuance». *Sociological Theory,* 35(2), pp. 118-127.

hooks, b. (2021). *Enseñar a transgredir. La educación como práctica de la libertad.* Madrid: Capitán Swing.

IEEPO y SNTE Sección XXII (2012). *Plan para la transformación de la educación en Oaxaca.* Ciudad de México: CNTE.

JAMESON, F. y ŽIŽEK, S. (1998). *Estudios culturales. Reflexiones desde el multiculturalismo.* Barcelona: Paidós.

JARQUÍN RAMÍREZ, M. (2021). *La pedagogía del capital. Empresarios, nueva derecha y reforma educativa en México.* Madrid: Akal.

— (2025). «Alcances y límites del populismo libertario en América Latina». *Utopía y Praxis Latinoamericana,* 30(108).

LAJE, A. (2024). *Marxismo cultural en 4 minutos* [Video]. Disponible en https://www.youtube.com/watch?v=sG4Tf-muPr1Q.

LAJE, A. y MÁRQUEZ, N. (2016). *El libro negro de la nueva izquierda. Ideología de género o subversión cultural.* Madrid: Unión Editorial.

LIPS, B. (2020). *The Freedom Movement: Its Past, Present, and Future.* Arlington, Virginia: Atlas Network.

LUBIENSKI, C. (2023). *NEPC Review: The 123s of School Choice: What the Research Says About Private School Choice Programs in America, 2023 Edition.* Boulder, Colorado: National Education Policy Center.

LUNA, J. A. (2021, mayo 1). «Lee, multiplica y acaba con el fascismo: así era la cartilla escolar de los republicanos para combatir el analfabetismo desde el frente». *elDiario.es.* https://cutt.ly/wWgfaxk.

MARGULIS, L. (2002). *Planeta simbiótico.* Barcelona: Debate.

MARX, C. (1977). *Crítica al Programa de Gotha.* Moscú: Progreso.

McCLUSKEY, N. (2020, marzo 31). «A Libertarian Vision for Education». *Libertarianism.* https://bit.ly/3EvK71v.

MÉNDEZ, L. (2020, enero 27). «Iván Espinosa de los Monteros: "El PP no es capaz de asumir ni digerir que Vox ha llegado para quedarse"». *El Mundo.* https://bit.ly/45VN9WB.

MERCADO, S. (2014). *El fin de la educación pública.* Autoedición: Santos Mercado.

— (2017). *Economía. Para entender a un mundo innecesariamente desdichado.* Ciudad de México: Toma y Lee Editorial.

Mondon, A. y Winter, A. (2020). *Reactionary Democracy. How Racism and the Populist Far Right Became Mainstream.* Barcelona: Verso.

Mudde, C. (2019). *The Far Right Today.* Cambridge: Polity Press.

Nilan, P. (2025). «¿Cómo se explica el atractivo de la extrema derecha entre los jóvenes blancos?». *Anuario Internacional CIDOB,* 1, pp. 141-143.

Norris, P. y Inglehart, R. (2019). *Cultural Backlash: Trump, Brexit, and Authoritarian Populism.* Cambridge: Cambridge University Press.

Osorio, J. (2016). *Estado, reproducción del capital y lucha de clases.* Ciudad de México: UNAM.

Pirro, A. (2023). «Far Right: The Significance of an Umbrella Concept». *Nations and Nationalism,* 29(1), pp. 101-12.

Rodríguez-Rata, A. (2024, julio 18). «El éxito de la extrema derecha envuelta en un discurso verde». *La Vanguardia.* https://bit.ly/42AlYz1.

Rodríguez Mora, S. (2024). «CPAC Argentina: la fiesta monótona del mileísmo a un año de gobierno». *C5N.* https://www.c5n.com/politica/cpac-argentina-la-fiesta-monotona-del-mileismo-un-ano-gobierno-n183171.

Rogero-García, J. y Andrés-Candelas, M. (2014). «Gasto público y de las familias en educación en España: diferencias entre centros públicos y concertados». *Revista Española de Investigaciones Sociológicas,* 147, pp. 121-132.

— (2017). «Segregación escolar y desigualdades educativas». En J. Zalakain y B. Barragué (coords.). *Repensar las políticas sociales. Predistribución e inversión social,* pp. 87-98. Madrid: Grupo 5.

Schrecker, E. (1986). *No Ivory Tower: McCarthyism and the Universities.* Oxford: Oxford University Press.

Slobodian, Q. (2024). *Crack-Up Capitalism: Market Radicals and the Dream of a World without Democracy.* Londres: Penguin.

Solanet, M. (2022). *Reformas para construir nuestro futuro.* Buenos Aires: Fundación Libertad y Progreso.

SUBIRATS, M. (2018). *Coeducación, apuesta por la libertad.* Barcelona: Octaedro.

TAIBO, C. (2024). *Ecofascismo. Una introducción.* Madrid: Catarata.

TENTI FANFANI, E. (2003). «La escuela y los modos de producción de la hegemonía». *Revista Colombiana de Educación,* 45, pp. 1-16.

TOMÉ, A., SUBIRATS, M., BONAL, X., RAMBLA, X. y ROVIRA, M. (2022). *Cuadernos para la coeducación.* Barcelona: Octaedro.

URBÁN, M. (2024). *Trumpismos: neoliberales y autoritarios. Radiografía de la derecha radical.* Barcelona: Verso Libros.

VERDÚ, D. (2023, abril 19). «El Gobierno de Meloni invoca la teoría conspirativa de la "sustitución étnica" para criticar la inmigració». *El País.* https://bit.ly/3Jx24yT.

ZGUSTOVA, M. (2019, marzo 1). «La masculinidad que viene». *El País.* https://bit.ly/4fXoPs0.